Mémoire en Images

Trains et tramways d'Orléans

Mémoire en Images

TRAINS ET TRAMWAYS D'ORLÉANS

Pierre Bazin

ALAN SUTTON

Dans la même collection

Automotrices et locomotives électriques de France
Autorails et michelines
Au temps du tram et du trolley à Mulhouse
Cartes ferroviaires – Henri-Marie Petiet
Chemins de fer de la banlieue est – Paris - Gare de l'Est
Chemins de fer de la banlieue nord – Paris - Gare du Nord
Chemins de fer de la banlieue ouest – Paris - Saint-Lazare
De Meaux à Dammartin-en-Goële – Sur la ligne du tramway
Dépôts et tenders de locomotives des compagnies françaises
Dijon sur les rails
L'Ille-et-Vilaine de gare en gare
La Vienne de gare en gare
Le Fer en Lorraine
Le Perche de gare en gare
Le Tramway de Royan à Ronce-les-Bains
Le Transsibérien 1900-1916
Locomotives (1904-1930) I – Les photographies Fleury
Locomotives (1904-1930) II – Les photographies Fleury
Locomotives (1904-1930) III – Les photographies Fleury
Locotracteurs et draisines
Paris gare des Invalides – Lignes de la banlieue ouest
Paris-Strasbourg
Sur la ligne de Lison à Lamballe
Un siècle de cartes postales ferroviaires
Viaducs ferroviaires
Viaducs ferroviaires II
Wagons et voitures des compagnies françaises
Wagons et voitures II

De nombreux ouvrages ont été publiés.
Un catalogue de plus de 2 500 titres est disponible sur simple demande
auprès de votre libraire ou aux Editions Alan Sutton.

Editions Alan Sutton
28, rue des Granges Galand
37550 Saint-Avertin

Première édition 2e trimestre 2012

ISBN 978-2-8138-517-1

ISSN 1355-5723

Dépôt légal : 2e trimestre 2012
Imprimé en UE par www.meilleures-impressions.com

Sommaire

Une locomotive électrique de type 2D2 stationne sous la marquise de la gare d'Orléans, partiellement endommagée au cours de la seconde guerre mondiale. Tractant un fourgon à bagages et une rame d'antiques voitures à portières latérales, elle s'apprête à partir en direction de Vierzon avec le train 1071 en provenance de Paris. Cette photo a été prise à 10 h 15 le 25 juin 1956, soit seulement deux jours après la suppression de la troisième classe sur les chemins de fer européens.

De trains en trams

A Orléans, le principal événement de l'année 2012 est constitué par la mise en service, le 30 juin, de la seconde ligne de tramway de l'agglomération. Mais la présence de rails dans la cité johannique n'est pas nouvelle, que ce soit au niveau des chemins de fer ou des tramways.

En effet, le 2 mai 1843, la ligne de chemin de fer Paris-Orléans, l'une des plus anciennes de France, était inaugurée officiellement par les ducs de Nemours et de Montpensier, les deux fils du roi Louis-Philippe. L'exploitation commerciale débute le 5 mai suivant et, dès lors, la voie ferrée Paris-Orléans va servir de tête de pont à un vaste réseau qui irriguera progressivement tout le sud-ouest du pays. Dès 1846, la ligne de Tours est mise en service, suivie en 1847 par celle de Vierzon puis, au fil des ans, par celles de Pithiviers et Malesherbes, Chartres, Gien, Montargis et enfin Châteaudun.

La gare d'Orléans, conçue primitivement comme un simple terminus, devient rapidement exiguë et inadaptée à un trafic en développement constant. Comme il existe des voies de raccordement permettant aux trains d'éviter de complexes manœuvres de rebroussement, une solution simple à mettre en œuvre a été trouvée : créer une gare-relais au niveau des Aubrais. Ce sera chose faite dès 1853 avec, parallèlement, la mise en place des célèbres navettes pour assurer les correspondances. Pendant plus d'un siècle et demi, celles-ci, souvent assurées avec du matériel ancien, rendront de bons et loyaux services aux Orléanais, jusqu'à leur suppression définitive en décembre 2011.

Entre-temps, les grandes radiales constituées par les artères Paris-Bordeaux et Paris-Toulouse, qui se séparent à Orléans, sont constamment modernisées, tandis que les autres lignes de l'étoile ferroviaire orléanaise, beaucoup moins rentables, sont peu à peu délaissées. Dans le meilleur des cas, elles ne sont plus parcourues que par quelques rares trains de marchandises, les convois de voyageurs ayant depuis longtemps disparu.

Au chapitre des regrets, on pourra également signaler que, à la suite des destructions liées à la seconde guerre mondiale, la SNCF avait élaboré un vaste projet de restructuration totale du complexe ferroviaire orléanais avec une seule gare de passage d'orientation est-ouest établie au nord du boulevard de Québec, complétée par un système de boucles évitant tout cisaillement des voies et offrant donc une très bonne fluidité au trafic ferroviaire. Malheureusement, cette très bonne idée, qui aurait pourtant grandement facilité les déplacements des Orléanais, est restée sans suite, à cause de l'opposition farouche des élus locaux de l'époque, qui ont singulièrement manqué de clairvoyance.

A côté du « grand réseau », Orléans a également été desservi, au début du XXe siècle, par des « petits trains ». Ainsi, la Compagnie des tramways du Loiret, également parfois appelée Tramways de la Sologne, exploitait des lignes d'intérêt local permettant de se rendre à Neung-sur-Beuvron et à Brinon-sur-Sauldre. Quant aux Tramways du Loir-et-Cher, ils faisaient une incursion jusque dans la préfecture du Loiret avec une ligne en provenance d'Ouzouer-le-Marché. Mais, très vite, le caractère rural des contrées traversées et le développement de la concurrence routière ont eu raison de ces chemins de fer secondaires qui disparurent tous, peu avant la seconde guerre mondiale.

Enfin, il ne faut pas oublier deux voies ferrées à vocation purement récréative, à savoir le petit train de Wichita au parc Pasteur et le train du Parc floral de la Source, même si ce dernier ne fonctionne plus, ni le célèbre et éphémère Aérotrain, dont la piste en béton est toujours bien en place le long de la ligne de Paris.

Dans les rues de la ville, les premiers tramways urbains ont circulé dès 1877. D'abord à traction chevaline, ils ont été remplacés par des motrices électriques en 1899. L'arrivée de la fée électricité se traduira par un fort développement du trafic. Le réseau, qui jusqu'à présent ne comportait qu'une seule ligne entre les Aydes et Olivet, s'étendit peu à peu pour comporter à son apogée quatre lignes, avec correspondances généralisées sur la place du Martroi où l'on assiste, toutes les dix à quinze minutes, à des rassemblements de tramways. Mais après la première guerre mondiale, des difficultés de toutes sortes s'accumulent, tant administratives que techniques et financières. Les déficits ne cessant de se creuser et le développement de la circulation automobile n'arrangeant pas les choses, les tramways cessèrent de circuler en 1938.

Il faudra alors patienter pendant plus de soixante ans pour que le tramway fasse son grand retour à Orléans, sous une forme moderne. En service depuis novembre 2000, les rames « sable de Loire » font désormais partie intégrante de la vie des Orléanais. Chaque jour, ils sont environ 45 000 à utiliser le tram pour leurs déplacements. Devant ce succès populaire, une deuxième ligne vient d'être construite et mise en service, irriguant désormais l'agglomération aussi bien du nord au sud que d'est en ouest. Reste maintenant à savoir si des extensions ou même une troisième ligne seront réalisées… Mais ceci est une autre histoire. Et en attendant, rien ne vaut une petite balade en images sur les rails passés et actuels de la cité johannique.

Orléans au début du XXe siècle. La motrice 16, originaire du réseau du Havre et transférée dans la cité johannique en 1903, passe devant la gare flambant neuve, dont on voit nettement les trois travées de la marquise.

1

La gare d'Orléans

Ouverte à l'exploitation commerciale le 5 mai 1843 lors de la mise en service de la ligne de Paris, la gare d'Orléans était initialement conçue comme un simple terminus.

Toutefois, avec la réalisation des lignes de Tours et de Vierzon, suivies ensuite par les autres branches de l'étoile ferroviaire orléanaise, les installations deviennent rapidement exiguës. Il faut donc procéder à des travaux d'agrandissement, lesquels comprennent notamment la construction d'un nouveau bâtiment en 1880.

Au début du XXe siècle, la gare est à nouveau remaniée. Les deux services d'arrivée et de départ des voyageurs sont regroupés au fond du hall. Un accès direct sur le boulevard est créé et le buffet est agrandi. Au niveau des voies, une vaste marquise à trois travées couvre les voies à quai, désormais au nombre de huit, au lieu de six précédemment, avec de part et d'autre deux ailes en maçonnerie. En outre, on note l'existence d'une vaste gare locale pour les marchandises du côté ouest, le long de l'avenue de Paris. Celle-ci fait face côté est à des ateliers et à deux dépôts, l'un pour la Compagnie du Paris-Orléans, et le second pour les chemins de fer de l'Etat. L'ensemble de ces installations est mis en service le 9 août 1905.

Les bombardements de 1944 ont démoli entièrement les ateliers et le dépôt, ainsi que la quasi-totalité de la halle aux marchandises, toute la partie nord du hall et une partie des ailes du bâtiment voyageurs.

Il fallait donc reconstruire et la SNCF en profita pour proposer une nouvelle gare de passage qui aurait entraîné l'élimination des manœuvres de rebroussement et des navettes avec la gare des Aubrais. Mais ce projet fut fermement rejeté par la Ville d'Orléans et, le 25 mars 1965, une nouvelle gare faite de béton, d'acier et de verre, est inaugurée. Elle est située sensiblement à l'emplacement de l'ancienne, la façade du nouveau bâtiment dédié aux voyageurs étant reculée d'environ 80 mètres. A cette occasion, le dépôt des machines est transféré aux Aubrais et les voies dédiées au trafic des marchandises ont émigré vers le nord, au-delà du boulevard de Québec. Environ 16 hectares ont ainsi été libérés et remis à Orléans, ce qui a permis de créer le parking Münster et tous les immeubles du quartier de la gare dans l'espace situé entre cette dernière et l'avenue Emile Zola.

Depuis, la situation a une nouvelle fois évolué. Tout d'abord, la gare de 1965 a été intégrée au centre commercial de la place d'Arc en 1986. De 2005 à 2007, la gare a de nouveau été reconstruite, avec notamment la réalisation d'une vaste verrière ouvrant sur l'avenue de Paris, dont la toiture est composée à 80 % d'aluminium et à 20 % de verre. Elle a été inaugurée en janvier 2008, mais il reste maintenant à terminer la liaison piétonnière avec la station de tramways, projet qui a pris beaucoup de retard.

Avant la seconde guerre mondiale, les installations ferroviaires orléanaises étaient bien plus vastes qu'aujourd'hui. Conçue initialement comme un simple terminus, la gare doit finalement absorber un trafic important. Un premier agrandissement intervient en 1880, puis un second en 1905. On aperçoit, au fond, la marquise du bâtiment voyageurs et, sur la gauche, le dépôt-atelier de la Compagnie du Paris-Orléans (PO) situé au niveau de l'actuel quartier de la Gare, entre cette dernière et l'avenue Emile Zola.

L'ancienne gare d'Orléans possédait, sur son flanc ouest, un nombre important de voies dédiées au trafic des marchandises, lequel était, comme le prouve le cliché, particulièrement important.

Toujours du côté de l'actuelle avenue de Paris, une autre vue des installations marchandises, dont on aperçoit la halle. En arrière-plan, on distingue la cathédrale Sainte-Croix sur la gauche, et l'église Saint-Paterne sur le côté droit.

L'intérieur de la gare d'Orléans tel qu'il se présentait au début du XXe siècle. La décoration avait été particulièrement soignée, comme c'est le cas par exemple au niveau des candélabres. Quel contraste avec la verrière moderne de la gare actuelle ! On notera aussi les tenues des voyageurs de l'époque, dont le joli chapeau orné de plumes d'une élégante Orléanaise qui patiente sur un banc, non loin d'un militaire à l'air jovial et de cheminots à l'allure plutôt guindée.

Nous sommes en 1961. Les travaux de la nouvelle gare ont commencé et, par rapport au cliché de 1956 de la page 6, une partie de la verrière a disparu. Cette vieille automotrice est alors chargée d'assurer le service des navettes avec la gare des Aubrais.

Dix ans plus tard, en 1971, la rame Z 5334, alors toute neuve, stationne sur la voie 1. A leurs débuts, les Z 5300 ont assuré des express pour Paris. Plutôt inconfortables, elles ont surtout assuré des services de banlieue et bien évidemment les célèbres navettes, jusqu'à leur suppression définitive au soir du 10 décembre 2011. En gare, les travaux ont été terminés en 1965 et l'ancienne marquise a cédé la place à un bâtiment moderne.

La gare d'Orléans telle qu'elle se présente en 2012. C'est désormais un bâtiment à l'allure ultramoderne qui accueille les voyageurs, avec une verrière d'aluminium et de verre.

La gare actuelle a été inaugurée en janvier 2008 mais, comme le montre ce cliché, il reste à terminer, outre la liaison piétonnière avec la station de tramway, celle permettant de rejoindre la rue Albert Ier. Par rapport à la photo de la page 12, l'intérieur de la gare a bien changé !

2

La gare des Aubrais

Pour faire face aux problèmes d'exploitation causés par la gare en cul-de-sac d'Orléans, une solution radicale et simple a été mise en œuvre : comme il existe des voies de raccordement entre les différentes lignes au niveau des Aubrais, il suffit de créer une gare-relais à cet endroit. Malgré l'opposition de la Ville d'Orléans qui craignait des conséquences néfastes pour ses activités commerciales, cela fut chose faite dès le 12 août 1853. Pendant plus de trente ans, les installations ferroviaires des Aubrais constituent une sorte de gare « technique », presque secrète, où s'effectuent les différentes manœuvres et les correspondances avec la gare d'Orléans grâce aux célèbres navettes. Il faudra attendre le 21 août 1885 pour que les voyageurs locaux puissent enfin directement prendre le train aux Aubrais.

Avant la seconde guerre mondiale, les voies étaient réparties en deux groupes et étaient séparées par le bâtiment voyageurs. Celles situées du côté ouest correspondaient à la ligne de Tours tandis que celles se trouvant du côté est étaient réservées à la ligne de Vierzon.

Comme à Orléans, les bombardements de 1944 ont fortement endommagé les installations ferroviaires. Tout était à reconstruire, et par la même occasion à moderniser. Jusqu'en 1965, de nombreux aménagements vont être réalisés avec notamment un nouveau poste de signalisation et une nouvelle gare édifiée en 1961 et dotée d'un bâtiment désormais implanté non plus au milieu des voies mais à l'est de celles-ci. Six d'entre elles sont équipées de quais avec deux voies pour chacune des trois directions : Tours, Orléans et Vierzon. Par ailleurs, comme à Orléans, la gare est desservie depuis novembre 2000 par le tramway, dont la station se trouve juste à la sortie du passage souterrain, ce qui est très pratique pour les voyageurs utilisant ensuite les transports en commun.

Pour les marchandises, il existe un grand triage, mais celui-ci n'est plus utilisé en tant que tel. Désormais, il sert surtout de gare-étape pour le changement de conducteurs ou de locomotives. Par ailleurs, devant la déconfiture du trafic fret, de nombreux wagons y sont garés. Ils y attendent des jours meilleurs ou, plus sûrement, pour nombre d'entre eux, un aller-simple en direction du ferrailleur.

Enfin, le complexe ferroviaire des Aubrais dispose d'une zone d'entretien pour le matériel roulant. Et s'il n'y a plus de dépôt pour les locomotives, il existe toujours un « établissement traction » pour les agents de conduite.

En 1899-1900, la Compagnie du Paris-Orléans reçut 25 locomotives de type 220 (deux essieux porteurs suivis de deux essieux moteurs). A la pointe de la technologie lors de leur mise en service, elles s'approprièrent rapidement les services les plus durs, avec la traction de trains rapides, dont le Sud-Express, à la vitesse maximale de 90 km/h, ce qui était alors une performance remarquable. Leur gloire fut cependant de courte durée car, dès 1903, elles ont subi la concurrence des « Atlantic », plus puissantes et plus rapides. On voit ici la locomotive n° 23 qui stationne en gare des Aubrais. Le cachet de la poste prouve que ce cliché a été pris avant 1905.

Vue de l'ancienne gare des Aubrais telle qu'elle se présentait avant la seconde guerre mondiale, avec le bâtiment voyageurs situé au milieu des voies.

Le 1er octobre 1959, à 8h55, l'express 2001 marque l'arrêt aux Aubrais. Saisonnier, il circulait l'été et reliait Paris à Montluçon, Ussel et Le Mont-Dore. Il est ici tracté par la locomotive 2D2 n° 5535.

Le 29 novembre 1953, une navette s'apprête à relever la correspondance d'un train qui ne rentre pas en gare d'Orléans. L'automotrice Z 4004, construite en 1904, était initialement utilisée en banlieue parisienne entre Paris-Quai d'Orsay et Juvisy. Elle fonctionnait alors sous 600 V continu : le courant électrique, fourni par un troisième rail latéral, étant capté au moyen de frotteurs. En 1926, avec l'électrification de la ligne Paris-Orléans-Vierzon, elle fut transformée pour pouvoir circuler sous 1 500 V continu. Cela impliqua un changement de moteurs et l'installation d'un pantographe afin de pouvoir capter le courant provenant des caténaires. Elle fut ensuite affectée durant de longues années aux navettes d'Orléans et de Tours, avant de terminer sa longue carrière dans la région toulousaine à la fin des années 1960.

Le 1er novembre 2000, le train 14051 Paris-Tours fait son entrée aux Aubrais, tracté par la BB 9279. Ce type de locomotive a tiré définitivement sa révérence en décembre 2010, après un demi-siècle de bons et loyaux services et parfois plus de 10 millions de kilomètres au compteur.

Vue d'ensemble du triage des Aubrais, aujourd'hui bien désert. Il sert essentiellement aux échanges des conducteurs et au garage de wagons de marchandises inutilisés et destinés à la ferraille.

La gare des Aubrais en 2012. Sur la voie 3, la BB 7216 redémarre en direction d'Orléans avec le train 14035 en provenance de Paris. Depuis plus d'un quart de siècle, les voitures Corail constituent un élément incontournable de la composition des trains express de la ligne.

Le bâtiment actuel de la gare des Aubrais date de 1961. La station des tramways et les taxis sont idéalement placés juste à la sortie du passage souterrain, ce qui est bien pratique pour les correspondances.

3

L'étoile ferroviaire d'Orléans

Pendant très longtemps, Orléans était au centre d'une étoile ferroviaire qui étendait ses branches dans toutes les directions. Les mises en service des différentes lignes sont intervenues aux dates suivantes : Paris-Orléans : 5 mai 1843 ; Orléans-Tours : 2 avril 1846 ; Orléans-Vierzon : 20 juillet 1847 ; Orléans-Pithiviers : 12 août 1872 ; Orléans - Beaulieu-le-Coudray : 28 octobre 1872 (prolongation vers Chartres en 1873) ; Orléans-Gien : 3 novembre 1873 ; Orléans-Montargis : 24 septembre 1875 ; Patay-Châteaudun : 2 avril 1883.

Seules les deux grandes radiales connaissent un trafic intense et sont régulièrement modernisées, que ce soit au niveau de la voie, de la signalisation, des vitesses pratiquées, ou encore de l'électrification en courant continu 1 500 V qui intervient dès le 22 décembre 1926 sur Paris-Orléans-Vierzon et le 19 juillet 1935 entre Orléans et Tours. A ce niveau, la ligne Paris-Orléans était alors au cœur des avancées technologiques car elle a connu les bienfaits de la fée électricité dans le domaine ferroviaire plus d'un quart de siècle avant Paris-Lyon.

En revanche, le tableau est beaucoup plus sombre sur les autres lignes. Face à une concurrence routière grandissante, les premières fermetures au trafic des voyageurs interviennent dès la fin des années 1930, avant de se poursuivre au cours des années 1960 selon le calendrier suivant : Patay-Chartres : 2 octobre 1938 ; Orléans-Gien : 15 mai 1939 ; Orléans-Patay-Châteaudun : 18 juillet 1939 ; Orléans-Pithiviers-Malesherbes : 4 novembre 1969 ; Orléans-Montargis : 4 novembre 1969.

On notera cependant que, depuis de longues années, il est question de rouvrir la ligne de Chartres, mais ce dossier traîne en longueur et il faudra attendre au mieux 2017 pour espérer y voir de nouveau circuler un train de voyageurs. De même, il existe un projet similaire concernant la liaison Orléans - Châteauneuf-sur-Loire pour desservir les communes désormais fortement urbanisées de l'est de l'agglomération orléanaise. Le projet est actuellement en phase d'études avec la concertation publique qui s'est déroulée du 10 janvier au 24 février 2012. Si tout va bien, la mise en service est prévue pour l'horizon 2018.

Pour les marchandises, l'intense activité agricole apporte quelques consolations et permet de maintenir un minimum d'activité de par la desserte des silos à céréales. C'est notamment le cas pour la ligne de Chartres vers Patay et Orgères-en-Beauce et pour celle de Pithiviers. Quant à l'ancienne ligne de Gien, elle est encore ouverte jusqu'à Châteauneuf-sur-Loire pour un trafic occasionnel de poutrelles métalliques et de goudron, et surtout pour l'acheminement des wagons fréquentant les ateliers de réparation de la société SDH-Ferroviaire, implantée à Saint-Denis-de-l'Hôtel. En revanche, il n'y a plus de trains sur la ligne de Montargis et le silo de Lutz-en-Dunois, sur la ligne Patay-Châteaudun, est désormais desservi *via* cette dernière localité.

La principale artère de l'étoile ferroviaire d'Orléans est bien sûr la ligne de Paris. Celle-ci dessert notamment Toury, qui disposait d'installations importantes en raison de la correspondance avec le chemin de fer à voie étroite de Pithiviers, source d'un important trafic de betteraves. Au premier plan, l'une des deux voies principales fait l'objet d'importants travaux de renouvellement des rails, tandis qu'un train de marchandises manœuvre le long du bâtiment voyageurs. La gare comportait en outre une remise pour les locomotives bien que, sur ce cliché, celle-ci semble être occupée par un fourgon.

Le 12 août 1970, ce train de marchandises vient de quitter le triage des Aubrais et remonte en direction de la capitale, passant devant les installations d'une célèbre marque de vente par correspondance aujourd'hui disparue.

Plus près de nous, le 11 novembre 2000, le train express 4407 Paris-Brive, emmené par la locomotive BB 7283, longe le viaduc de l'Aérotrain au niveau de Cercottes.

Le 5 août 1970, la locomotive BB 9291, spécialement modifiée pour rouler à 200 km/h, traverse le pont sur la Loire à Orléans, avec le « Capitole du matin » à destination de Toulouse.

Dans la cabine de conduite de la BB 9288, le 7 mai 1968, l'indicateur de vitesse prouve que le Capitole roule bien à 200 km/h.

Bien que ne s'arrêtant pas à Orléans, le « Capitole » est un train de légende qu'il convient de mentionner car il a marqué l'histoire du chemin de fer. Créé le 15 novembre 1960, ce train rapide de première classe reliait Paris à Toulouse en sept heures, à la vitesse moyenne de 101,7 km/h. Il passa à la postérité le 28 mai 1967, quand il devint le tout premier train français à rouler à 200 km/h en service commercial, sur une portion de 70 kilomètres située entre le pont sur la Loire d'Orléans et Vierzon. Mais plus encore que le gain de temps, Toulouse étant désormais à six heures de Paris, c'est l'impact commercial provoqué par l'aspect du train qui est déterminant. Le designer Paul Arzens avait imaginé une nouvelle livrée rouge et blanche tranchant singulièrement avec le sinistre « vert wagon » alors en vigueur et la locomotive arborait une plaque distinctive. Le succès a été immédiat et, dès le 29 septembre 1968, un deuxième aller-retour, circulant en matinée, fut créé. De nouvelles voitures, dites « Grand Confort », furent livrées en 1970. L'année suivante, à la faveur de la possibilité de circuler à 200 km/h dans la Beauce entre Guillerval et Cercottes, le « Capitole » entra dans le cercle très fermé des trains les plus prestigieux de l'époque, les Trans-Europ-Express, abattant le trajet Paris-Toulouse en cinq heures cinquante-six, à 120 km/h de moyenne. Mais ce train a malheureusement disparu, victime du TGV dont il fut pourtant le précurseur, la mise en service de la ligne à grande vitesse Atlantique en 1990 lui ayant porté un coup fatal.

Ci-dessus, on retrouve la BB 9288, vue depuis la cabine de conduite d'un train croiseur le 17 juin 1967. Elle fonce à travers la plaine de la Beauce, non loin d'Angerville.

En 1967, les Floralies internationales d'Orléans, organisées au Parc floral de la Source, ont amené de nombreux visiteurs dans la cité johannique, dont certains sont arrivés en train spécial. C'est le cas des employés de la société Desforges, venus de Paris avec cet autorail, vu en gare de Saint-Cyr-en-Val le 17 juin 1967.

Toujours sur la ligne de Vierzon, la locomotive 2D2 n° 5527 entre en gare de Salbris avec une longue rame d'antiques voitures à portières latérales, le 31 août 1957.

Le 29 novembre 1958, un autorail « 150 chevaux » et sa remorque stationnent en gare de Pithiviers. La ligne Orléans-Malesherbes est fermée au trafic des voyageurs onze ans plus tard, le 4 novembre 1969. Au premier plan, on voit deux wagons remplis de betteraves, lesquelles fournissaient un trafic marchandises particulièrement important en automne, que ce soit pour la SNCF ou pour le chemin de fer à voie étroite Pithiviers-Toury qui n'avait pas encore été transformé en chemin de fer touristique.

Le 17 juin 1967, présence incongrue d'un autorail rapide à Marigny-les-Usages, à l'occasion d'un train spécial Paris - Saint-Cyr-en-Val, organisé pour des visiteurs des Floralies du Parc floral de la Source. Cet engin, numéroté X 2723, possédait des aménagements intérieurs spéciaux, car il était utilisé par le général de Gaulle pour ses déplacements ferroviaires.

Passage au niveau de l'ancienne halte de la Foulonnerie, à Fleury-les-Aubrais, d'un court train de marchandises. Nous sommes le 4 avril 1972, soit deux ans et demi après la fermeture de la ligne Orléans-Malesherbes aux voyageurs. Depuis, cette voie ferrée ne voit plus passer que de rares trains de marchandises, et uniquement jusqu'à Pithiviers.

Le 4 avril 1969, sept mois jour pour jour avant la fermeture aux voyageurs, un autorail de la ligne Orléans-Montargis marque l'arrêt en gare de Fay-aux-Loges, laquelle a depuis été immortalisée par le fabricant de modèles réduits MKD qui en propose une reproduction dans sa gamme de maquettes pour trains miniatures.

Le même autorail, vu cette fois-ci à Combreux. Le poste de conduite était surélevé, le conducteur se tenant dans un kiosque situé en toiture, ce qui permettait aux voyageurs, visiblement ravis, de s'installer à l'avant et de mieux profiter du paysage.

Le 16 octobre 1970, l'association de passionnés de chemins de fer FACS organisait un train spécial entre Orléans et Bourges, tracté par la locomotive à vapeur 230G353. Pour cet événement exceptionnel, il y avait foule le long du canal d'Orléans pour assister au passage du train sur le Pont-aux-Moines.

Passage à Saint-Jean-de-Braye d'un train de marchandises se dirigeant vers Orléans. Depuis le 5 août 1970, date à laquelle a été pris ce cliché, peu de choses ont changé, hormis la seconde voie qui a disparu. Reverra-t-on, un jour, des trains de voyageurs emprunter cette ligne ? Si tout va bien, rendez-vous en 2018.

Le métro à Saint-Denis-de-l'Hôtel ! Pendant très longtemps, derrière les installations de la société de réparation de wagons SDH-Ferroviaire, la RATP a loué des hangars où elle entreposait du matériel réformé, ainsi que des tramways préservés par le musée des Transports urbains. En 1970, cette ancienne rame du métro parisien de la Compagnie Nord-Sud (actuelles lignes 12 et 13) est dans l'attente d'un bien funeste destin, puisqu'elle ne va pas tarder à passer sous le chalumeau des ferrailleurs.

Désormais, la desserte du silo de Lutz-en-Dunois se fait à partir de Châteaudun. Mais, le 18 novembre 2005, celle-ci se faisait depuis les Aubrais, *via* Patay. On y voit le locotracteur du silo en train de manœuvrer une longue rame de trémies à céréales.

Image actuelle d'un train régional du Val de Loire. Le 1er août 2003, une automotrice de la série Z 21500, alors tout juste sortie des usines Alstom, marque l'arrêt en gare de Beaugency lors d'un trajet omnibus Orléans-Blois.

Cette photo, prise en mars 2005 aux environs de Saint-Ay, est typique des trains de la ligne Paris-Orléans-Tours dans les années 2000 : locomotive de type BB 9200 et voitures Corail en livrée Aqualys. Et pourtant, elle est désormais historique. Les BB 9200 ont quitté la scène ferroviaire fin 2010 et les voitures Aqualys sont en cours de rénovation et adoptent les nouvelles couleurs de la SNCF, à base de gris et de rouge carmillon. De plus, le nom même d'Aqualys n'est désormais plus utilisé et remplacé par Intercités. En décembre 2011, les villes moyennes du Val de Loire, telles que Meung-sur-Loire et Beaugency, ont perdu toute desserte directe avec Paris, un changement étant désormais obligatoire à Orléans.

On ne pouvait pas terminer ce tour d'horizon du paysage ferroviaire dans la région d'Orléans sans parler de l'Aérotrain. Celui-ci a été développé par la société Bertin à partir de 1957 et se déplaçait sur coussin d'air au-dessus d'un monorail en béton. Un site d'expérimentation avait été construit le long de la ligne SNCF entre Artenay et Saran et devait préfigurer une ligne rapide Paris-Orléans. Les essais débutèrent le 12 septembre 1969 et le modèle I-80 (Interurbain 80 places), propulsé par un réacteur d'avion Snecma, battit un record de vitesse à 430,2 km/h le 5 mai 1974. Mais il ne s'agissait que d'un prototype totalement incompatible avec le réseau ferroviaire actuel, et dont les nuisances sonores du système de propulsion utilisé n'étaient pas imaginables en service commercial. De plus, la stabilité latérale de l'Aérotrain n'a jamais été complètement maîtrisée, ce qui rendait particulièrement délicat le recours à un moteur linéaire électrique. Pendant ce temps, des changements politiques sont intervenus et le TGV rencontrait ses premiers succès, ce qui conduisit à son abandon. Aujourd'hui demeure seulement le rail de béton témoignant de son passé qui aurait pu être glorieux. Un peu plus de six mois après sa mise en service, le 28 mars 1970, l'Aérotrain est vu ici sur sa piste de béton, à Chevilly.

4

Les chemins de fer secondaires

En dehors des lignes de chemins de fer classiques, la fin du XIXe siècle et le début du XXe siècle ont été marqués par la construction de multiples voies ferrées secondaires, d'un intérêt strictement local. La région d'Orléans et le Loiret ont bien sûr été concernés.

La première ligne vient du département voisin du Loir-et-Cher et relie Orléans à Ouzouer-le-Marché. Ouverte le 5 mars 1895, elle est exploitée par la Compagnie des tramways du Loir-et-Cher (TLC). Il s'agit d'une liaison à vocation purement locale, avec une voie à l'écartement métrique établie en accotement ou même directement sur la chaussée, sur laquelle circulent trois ou quatre allers-retours quotidiens.

A Orléans, la ligne des TLC arrive par le faubourg Saint-Jean et effectue son terminus à la gare du Moulin-de-l'Hôpital, implantée sur le large terre-plein de l'actuel boulevard Jean Jaurès. Une voie de raccordement permet, par ailleurs, de rejoindre la gare principale de la Compagnie du Paris-Orléans.

Des déficits particulièrement importants apparaissent au lendemain de la première guerre mondiale. La ligne est reprise par le département du Loiret le 1er juillet 1931 et affermée aux Tramways du Loiret. Mais pas pour longtemps, car le tramway d'Ouzouer cesse définitivement de circuler le 15 septembre 1934.

Le réseau des Tramways du Loiret a été construit dix ans après celui des TLC. Ce retard s'explique par des difficultés à la fois techniques et administratives. Le projet établi par le département prévoit un réseau assez vaste, irriguant toute la région, mais des contraintes financières, déjà, freinent les ambitions proferroviaires des édiles locaux. De plus, la principale gare d'Orléans est prévue sur la rive gauche de la Loire, à Saint-Marceau. Il faut donc lancer un nouveau pont sur le fleuve afin de pouvoir assurer la liaison avec la gare du Moulin-de-l'Hôpital et avec celle du Paris-Orléans.

Finalement, le réseau ne comprendra, outre une courte liaison isolée à l'est du département (Nogent-sur-Vernisson - Châtillon-Coligny), que deux lignes. La première relie Orléans-Saint-Marceau à Ligny-le-Ribault. Ouverte le 14 mai 1905, elle est prolongée dès le 1er octobre suivant à Neung-sur-Beuvron. La seconde va d'Orléans à Isdes et est mise en service le 10 décembre 1905, avec extension vers Brinon-sur-Sauldre le 1er septembre 1908.

Tout comme les TLC, les Tramways du Loiret traversent des contrées peu peuplées, d'où un trafic relativement faible. L'exploitation est réalisée à l'économie et les difficultés rencontrées avec les voisins du Loir-et-Cher sont nombreuses : manque de coordination des horaires dans les gares de correspondances, problèmes pour les modalités d'usage de la gare du Moulin-de-l'Hôpital et péage excessif entre celle-ci et celle du Paris-Orléans.

Pourtant, par certains côtés, les tramways du Loiret innovent avec l'emploi d'automotrices à vapeur pour assurer un service de banlieue dans les environs d'Orléans, et par l'essai d'autorails dès 1922.

Mais cela n'empêche pas d'enrayer la baisse du trafic consécutive à la concurrence routière, d'où des déficits en augmentation constante, lesquels entraîneront l'abandon définitif de l'exploitation le 16 janvier 1935.

Les Tramways du Loir-et-Cher arrivaient par le faubourg Saint-Jean et avaient leur gare au Moulin-de-l'Hôpital, sur les boulevards. On aperçoit des voitures de voyageurs, garées derrière la halle de type solognote.

L'ancienne gare des TLC a aujourd'hui disparu. Mais le 12 avril 1959, soit près d'un quart de siècle après la fermeture de la ligne d'Ouzouer-le-Marché, le bâtiment voyageurs existait encore, reconverti en maison d'habitation.

AUTOMOTRICES JM^2 pour voie métrique (charge utile 3.000 Kg.)
en service à la Compagnie des Chemins de Fer du Loiret

En 1921, les Tramways du Loiret essayèrent un autorail prototype Tartary à essence, en provenance des Tramways des Deux-Sèvres. Construit sur le châssis d'un camion GMC de l'armée américaine, il circula en service régulier, notamment entre Orléans et Neung-sur-Beuvron, jusqu'en 1922. Il conduisit à l'acquisition, entre 1923 et 1926, de trois automotrices De Dion-Bouton, entreprise qui avait racheté les brevets Tartary. Ces engins à deux essieux avaient une longueur de 7,78 mètres et une capacité de 24 places assises. Ils étaient équipés d'un moteur de 25 chevaux et d'un vérin permettant de soulever le véhicule et de le retourner aux terminus. Ils ont circulé aussi bien en direction de Neung-sur-Beuvron que de Brinon-sur-Sauldre. On voit ici deux de ces engins en gare d'Orléans-Saint-Marceau.

La gare d'Orléans-Saint-Marceau avait un cachet certain. Située sur la rive gauche de la Loire, elle constituait le centre névralgique du réseau des Tramways du Loiret, mais n'était pas très commodément située, d'où le raccordement à la gare du Moulin-de-l'Hôpital, mis en service le 1er février 1907, donnant ainsi également accès à la gare principale du Paris-Orléans.

Les Tramways du Loiret ont cessé de fonctionner le 16 janvier 1935, mais la gare de Saint-Marceau est restée en place jusqu'en 1969. En 1954, année de ce cliché, elle était devenue une boucherie !

525 — Orléans - Le Quai Neuf et le Tunnel

Au départ d'Orléans, en direction de Brinon-sur-Sauldre, la ligne des Tramways du Loiret longeait la Loire. Au croisement de la nationale 20, elle passait carrément sous le pont George V dans une sorte de « tunnel » d'où sort l'automotrice Purrey. Fonctionnant à la vapeur, celle-ci avait été construite en 1905 pour circuler sur les lignes de tramways à voie normale de la Compagnie générale des omnibus de Paris. Elle fut rachetée à cette dernière et transformée pour pouvoir circuler sur la voie à écartement métrique. Jusqu'en 1914, elle circula sur des services de banlieue qui avaient été spécialement créé entre Orléans, Saint-Hilaire-Saint-Mesmin et Saint-Denis-en-Val. Arrêtée au cours de la première guerre mondiale, elle reprit du service entre 1922 et 1928. D'une masse à vide de 9,5 tonnes et d'une longueur de 9 mètres, elle pouvait accueillir 40 voyageurs. Quant au « tunnel », il fut comblé après la fermeture du réseau.

Belle ambiance champêtre en gare de Saint-Denis-en-Val, au passage d'un train à destination d'Orléans. Celui-ci est tracté par l'une des douze locomotives à vapeur du réseau. Construites par les Etablissements Corpet-Louvet, elles étaient typiques des machines des chemins de fer secondaires de l'époque. En troisième position derrière la locomotive, on remarque une voiture « longue », à deux essieux radiaux. Elle pouvait accueillir jusqu'à 32 voyageurs contre 18 au maximum dans une voiture courte.

Châteauneuf-sur-Loire était desservie en antenne depuis Tigy, par une bien modeste gare implantée sur la rive sud de la Loire. Cet embranchement fut mis en service le 10 décembre 1905 et fermé définitivement aux voyageurs le 1er janvier 1926, après avoir longtemps été desservi uniquement le vendredi.

La locomotive n° 2 est vue ici en gare de Tigy avec un train mixte voyageurs-marchandises. Sur la droite, on voit l'amorce de la voie conduisant à Châteauneuf-sur-Loire.

Un train de voyageurs en provenance d'Orléans arrive à Cléry. On voit, à gauche, un wagon couvert sur la voie de débord perpendiculaire. Le terrain sur la droite fut utilisé à partir de 1914 par les Chemins de fer électriques du Loir-et-Cher, qui exploitaient une ligne venant de Blois.

Selon une disposition typique des tramways secondaires, la locomotive n° 4 circule en accotement d'une route à travers la forêt solognote, en tête d'un train mixte comprenant à la fois deux wagons couverts pour les marchandises et deux voitures de voyageurs, ainsi que, bien évidemment, un fourgon en fin de convoi.

5

Trains touristiques et historiques

En dehors des « grands trains », l'agglomération d'Orléans dispose également de chemins de fer d'attraction. Le plus connu est sans conteste le petit train de Wichita. Inauguré le 8 mai 1952 à l'occasion des fêtes de Jeanne d'Arc, il fait le tour du parc Pasteur. Il a été offert aux enfants d'Orléans par la ville américaine de Wichita dans le Kansas, laquelle possédait alors une usine de fabrication de locomotives. Ce train miniature, dont la voie est à l'écartement étroit de 38 centimètres, est constitué d'une véritable locomotive à vapeur, de type 220, et de trois voitures à bogies. Depuis maintenant six décennies, à la belle saison, le petit train fait le bonheur des jeunes Orléanais, et aussi de leurs parents s'il reste de la place ! Le circuit, long de 400 mètres, effectue une boucle et passe à travers un « tunnel », qui sert en fait au remisage nocturne et à la maintenance légère, les grosses réparations étant effectuées au sein des ateliers municipaux. Ce sont d'ailleurs des agents de la ville qui en assurent la conduite. On regrettera cependant que le petit train soit tombé en panne durant l'été 2010. Depuis, il n'a pas beaucoup roulé. Mais, grâce à une chaudière toute neuve, il a repris du service le 14 avril 2012, prêt à accueillir une nouvelle génération de jeunes voyageurs.

Le second petit train de l'agglomération se situe au Parc floral de la Source. Celui-ci a été mis en service au printemps 1967, à l'occasion des floralies d'Orléans, événement qui avait alors attiré de nombreux visiteurs dans la cité johannique. Doté d'une voie à l'écartement de 60 centimètres, il a tout d'abord été à traction vapeur avant d'être équipé d'une locomotive diesel, plus performante, et surtout beaucoup moins onéreuse à l'entretien. Le circuit, initialement en boucle, a été modifié. Actuellement, le train est hors-service.

Par ailleurs, le complexe ferroviaire des Aubrais abrite du matériel historique, dont le fleuron est sans nul doute la locomotive à vapeur 141R840, de construction américaine et chauffée au fioul. Entretenue par les bénévoles de l'association AAATV (Amicale des Anciens et Amis de la Traction Vapeur), la machine est bichonnée et assure chaque année, avec sa rame de voitures anciennes, plusieurs trains spéciaux, principalement au départ d'Orléans ou de Bourges. Une autre association, le COPEF (Cercle Ouest Parisien d'Etudes Ferroviaires), est également présente aux Aubrais, où elle assure la remise en état d'une automotrice de banlieue Z 5100, autrefois utilisée sur les navettes de la gare d'Orléans.

Enfin, le propriétaire du château de La Ferté-Saint-Aubin, grand passionné de chemins de fer, a également préservé du matériel ferroviaire qu'il présente dans le parc du château. On peut notamment y admirer d'anciennes voitures de luxe de la Compagnie des wagons-lits et la locomotive 140C287, dont la particularité est d'avoir assuré la traction du tout dernier train à vapeur de la SNCF le 24 septembre 1975.

Depuis sa mise en service en 1952, le petit train de Wichita n'a guère changé et continue inlassablement à faire le tour du parc Pasteur. On le voit ici le 18 juillet 1964, promenant en troisième et quatrième positions en partant de l'avant, le frère et la sœur aînés de l'auteur de cet ouvrage. A l'époque, le train était conduit par des agents SNCF des Aubrais. Désormais, ce sont des employés municipaux de la ville d'Orléans qui ont pris le relais.

Hommage au père de l'auteur de cet ouvrage, Jacques Bazin, grand passionné de chemins de fer. La plupart des photos de ce livre sont issues de son immense collection personnelle de photos et cartes postales anciennes. Quand il le pouvait, comme de nombreux adultes, il était très heureux d'emprunter lui aussi le train de Wichita !

Au fil des ans, le succès ne se dément pas auprès des jeunes Orléanais, toujours très nombreux à voyager dans le train de Wichita dès que les beaux jours arrivent.

En 1967, le Parc floral de la Source a accueilli, entre les mois d'avril et d'octobre, les Floralies internationales, faisant d'Orléans la capitale mondiale de l'horticulture. Durant sept mois, 2,3 millions de visiteurs ont découvert l'exposition qui s'étendait sur 35 hectares, 330 exposants, 700 producteurs et 11 pays étant représentés. 13 000 m² de serres avaient même été spécialement construites, tout comme un village gaulois et un temple antique, aujourd'hui disparus. Un petit train avait également été construit et comme on le voit sur ce cliché du 17 juin 1967, il était pris d'assaut par une foule de promeneurs.

Durant les premières années, une locomotive à vapeur circulait au Parc floral, tractant une rame de baladeuses. Nous sommes en août 1970 et, trois ans après les célèbres Floralies, le succès du parc et de son petit train ne se dément pas.

Une vue plus récente du train du Parc floral, prise en septembre 2001. La locomotive diesel, remplaçante de la traction vapeur, trop onéreuse, est bizarrement décorée de nains et d'un champignon !

La locomotive à vapeur 140C287, de construction anglaise, présente la particularité d'avoir tracté le tout dernier train à vapeur commercial de la SNCF, le 24 septembre 1975. Elle coule désormais des jours paisibles dans le parc du château de La Ferté-Saint-Aubin.

La voiture-restaurant n° 3344 de la Compagnie des wagons-lits, autrefois employée sur des trains de luxe, a été construite en 1928. Une fois réformée, elle avait été reconvertie en restaurant le long de la nationale 20 à Saran, avant de trouver également refuge au château de La Ferté-Saint-Aubin.

La locomotive à vapeur 141R840, chauffée au fioul, a été préservée par l'association AAATV. Remise en état de marche, elle assure, chaque année, plusieurs trains spéciaux. On la voit ici en gare d'Orléans le 22 septembre 2002, à l'occasion des Journées du patrimoine.

C'est aux Aubrais que la locomotive 141R840 est entretenue et amoureusement bichonnée par les bénévoles de l'AAATV. Ce 15 mars 2008, elle vient de sortir de son atelier, à l'occasion de la visite d'un groupe de passionnés de chemins de fer.

La 141R840 se rend régulièrement en Auvergne, à l'occasion de sorties organisées soit au départ d'Orléans, soit depuis Bourges. On la voit ici en juillet 2001 au cœur des Combrailles, traversant majestueusement le célèbre viaduc des Fades, lors d'un « tour des viaducs » qui l'emmènera jusqu'à Clermont-Ferrand.

6

Les anciens tramways d'Orléans

Le 6 mai 1877, la Compagnie générale française des tramways (CGFT) met en service une ligne de tramways à chevaux entre le pont Bannier et le pont du Loiret à Olivet, avec prolongement vers la bascule des Aydes, au nord, réalisé en deux étapes les 7 mai et 25 juin 1878. Les premières années, en raison de la faible densité de population, l'exploitation était déficitaire, même si les tramways connaissaient une bonne fréquentation en ville, ainsi que vers Olivet les dimanches d'été.

Le 3 octobre 1897, la ligne est prolongée au nord jusqu'à Bel-Air, puis la traction électrique est mise en service le 28 juin 1899. Cette modernisation est couronnée de succès et se traduit par une forte augmentation du trafic. La Ville et la CGFT décident alors d'étendre le réseau dans les conditions suivantes :

– Création d'une ligne Faubourg-Saint-Vincent - Gare - Martroi - Madeleine, ouverte le 8 août 1903 entre Saint-Vincent et le Martroi et, le 15 août suivant, sur l'ensemble du parcours. Prolongement de la première ligne vers le centre d'Olivet le 13 septembre 1903.

– Ouverture d'une nouvelle ligne Saint-Loup - Martroi le 1er octobre 1904.

Devant les bons résultats obtenus, de nouvelles extensions sont réalisées :

– Prolongement de la ligne Saint-Loup - Martroi vers Saint-Jean le 12 avril 1908.

– Prolongement du Faubourg Saint-Vincent vers la Croix-Fleury le 6 septembre 1908, puis vers le Coin-Rond le 20 septembre suivant, et extension à l'autre extrémité de la ligne, dans le Faubourg Madeleine jusqu'à la Maison-Rouge le 13 décembre 1908.

– Création d'une quatrième ligne Cimetière-Jardin botanique, mise en service le 12 avril 1908 du Cimetière au Martroi et, le 6 juin 1909, sur la totalité du trajet.

Le réseau, qui comporte donc quatre lignes, transporte à l'époque environ 6 millions de voyageurs par an au moyen de 38 motrices et 34 remorques. Des correspondances sont organisées sur la place du Martroi où l'on assiste régulièrement à des rassemblements de tramways. Le trafic se maintient à un bon niveau jusqu'à la fin de la première guerre mondiale.

A l'issue du conflit, les premières difficultés apparaissent : installations fixes, notamment la centrale électrique, vieillissantes car non entretenues pendant la guerre, différend d'ordre social et tarifaire entre la CGFT et la Ville, grèves et mise sous séquestre de la compagnie.

Une première réorganisation de l'exploitation est entreprise mais, ne donnant pas satisfaction, de nouvelles mesures sont adoptées : desserte réduite des extrémités de lignes, abandon de la liaison Cimetière-Jardin botanique, sauf du Martroi à l'Ile-Arrault pour la tenue de certaines manifestations.

Malgré des améliorations ponctuelles, telles que le vestibulage des motrices ou le déplacement d'arrêts, la situation ne s'améliore pas, d'autant que les croisements sur les lignes établies à voie unique et les correspondances au Martroi, sont source de nombreux retards.

En 1935, il n'y a plus que 2,8 millions de voyageurs contre plus du double en 1913. Les déficits se creusent de plus en plus, au point que les tramways sont définitivement supprimés au soir du 31 mars 1938.

Croisement, à la bascule des Aydes, des motrices 4 et 12, devant le monument commémorant la défense d'Orléans pendant la guerre franco-prussienne de 1870. Jusqu'en 1897, année du prolongement à Bel-Air, ce fut le terminus de la ligne 1.

La motrice 10 dans le faubourg Bannier, non loin du croisement avec la rue de Patay. Disposition typiquement orléanaise : la ligne était à voie unique, au milieu de la chaussée, le tramway cohabitant avec le trafic des charrettes.

Sur la place Gambetta, la motrice 14 passe devant l'église Saint-Paterne et fait le tour du square, aujourd'hui disparu, au milieu duquel se trouve, non visible sur le cliché, la fontaine des Trois Grâces. La publicité vante les mérites de la bière Gavot frères, produite localement. Contrairement à ce qui est indiqué sur la girouette de destination, la motrice ne se dirige pas vers Olivet, mais s'apprête à remonter le faubourg Bannier en direction de Bel-Air.

Dans la rue Bannier, la motrice 13 se dirige vers Bel-Air et passe devant l'ancienne tour Saint-Paterne, détruite en avril 1914 en raison de sa vétusté. Elle arbore une publicité pour une marque d'apéritif, les boissons alcoolisées étant, à l'époque, de grands pourvoyeurs de réclame sur les tramways.

Nous sommes maintenant place du Martroi. Sur la gauche se trouve la rue Bannier où circule un tramway de la ligne 1, en livrée vert foncé d'origine. Du côté droit, il s'agit de la rue de la République avec, au fond, la marquise de la gare d'Orléans, dans laquelle passe un tramway de la ligne 2 en livrée jaune. Les deux rues sont séparées par le Grand café de la Rotonde, disparu dans les années 1950 et dont l'emplacement est aujourd'hui occupé par un magasin de chaussures.

Une belle animation règne sur la place du Martroi, envahie par de jeunes étudiants. A droite, près de la statue de Jeanne d'Arc, une motrice de la ligne 1 arbore notamment une publicité pour le photographe Charles, qui avait son studio dans la rue Bannier.

Les lignes 1 et 2 se croisaient place du Martroi. Au pied de la statue de Jeanne d'Arc, des voyageurs montent dans une motrice à destination de Bel-Air tandis que, en arrière-plan, une motrice de la ligne 2 quitte la rue de la République.

Vue d'ensemble de la place du Martroi avec la statue de Jeanne d'Arc et, au fond, la cathédrale. Sur ce cliché, on constate que les tramways de la ligne 1 étaient souvent utilisés avec des remorques. Au premier plan, la motrice se dirigeant vers Olivet tracte une remorque fermée à plateformes extrêmes. Elle croise une motrice qui remonte vers Bel-Air avec trois baladeuses découvertes, très appréciées aux beaux jours. Celles-ci étaient issues du tramway hippomobile et avaient été adaptées à la traction électrique en 1899. Outre les trams de la première ligne, on voit également, derrière ceux-ci, une motrice de la ligne 3 Martroi - Saint-Loup et, à gauche sur la photo, on aperçoit une motrice de la ligne 2 Pont Saint-Vincent - Madeleine.

Nous sommes toujours place du Martroi mais, cette fois-ci, en regardant vers l'ouest. Au premier plan, les voitures de louage, les taxis de l'époque, attendent d'éventuels clients. Pendant ce temps, de l'autre côté de la statue de Jeanne d'Arc, on assiste à une correspondance de tramways. Les deux motrices en livrée vert foncé d'origine sont affectées à la ligne 1 et les deux en livrée jaune-ivoire circulent sur la ligne 2.

Au début du XXe siècle, une motrice à destination d'Olivet vient de quitter la place du Martroi et emprunte la rue Royale qui ne possédait pas encore d'arcades, lesquelles ne furent percées qu'après la seconde guerre mondiale, lors de la reconstruction du quartier détruit par le bombardement du 15 juin 1940.

Nous sommes maintenant dans le bas de la rue Royale. La motrice 9 remonte vers le Martroi, tandis qu'au loin, sur le pont Royal, on aperçoit une seconde motrice qui se dirige vers Olivet.

La motrice 4 vient de quitter le pont Royal, aujourd'hui officiellement nommé pont George V, et s'engage dans la rue Royale, dont la déclivité maximale atteint 27 mm/m. Elle va rejoindre la place du Martroi puis le terminus nord de Bel-Air. La plateforme arrière, ouverte, semble très prisée des voyageurs. Encore une fois, on retrouve une publicité pour un alcool, ici la liqueur Bénédictine.

Sur le pont Royal, le tramway, comme son homologue moderne, disposait d'un « site propre » et était séparé de la circulation routière par une simple bordure en pierre. Le trafic était à l'époque essentiellement constituée de carrioles à traction hippomobile.

Une motrice en livrée ivoire tractant une remorque vient de traverser le pont Royal, dominé par la cathédrale.

Aux beaux jours, les baladeuses étaient très appréciées des Orléanais. Une motrice avec deux de ces remorques vient de contourner la statue de Jeanne d'Arc guerrière, aujourd'hui érigée sur le quai du Fort des Tourelles, et s'engage sur le pont.

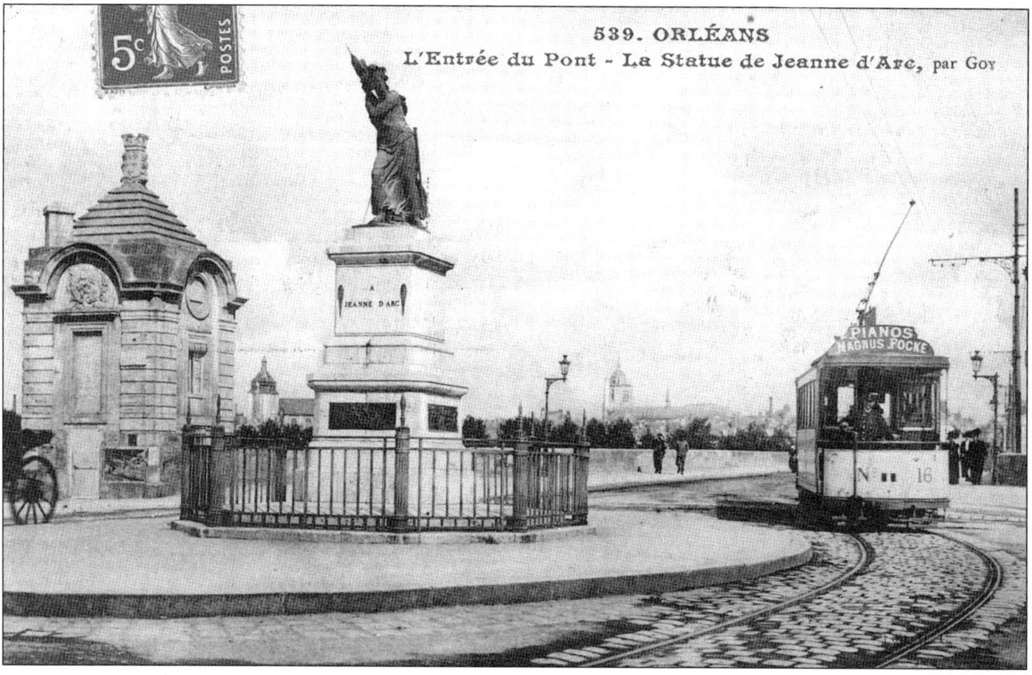

La motrice 16, habituellement affectée à la ligne 2, fait partie de la deuxième série de tramways électriques, livrée en 1903. Celle-ci comportait quinze motrices (n° 16 à 30) qui avaient été transférées du réseau du Havre, d'où leur surnom de « Havraises ».

Vue de l'avenue Dauphine, également empruntée par la ligne A du tramway actuel. L'église possède encore son clocher, qui fut détruit lors d'un bombardement allié, le 17 août 1944.

Croisement des motrices 5 et 8 à l'ancien terminus d'Olivet, situé au niveau de la tête nord du pont sur le Loiret. La ligne a été prolongée vers le centre d'Olivet le 13 septembre 1903.

Tout comme aujourd'hui, les bords du Loiret étaient très prisés des Orléanais pour les promenades dominicales. On le constate ci-dessus où la motrice 3 et ses deux baladeuses viennent de déposer un contingent de touristes endimanchés et il en est de même ci-dessous avec le croisement des motrices 5 et 9.

La motrice 12 franchit le pont du Loiret à Olivet et s'apprête à remonter en direction de Bel-Air. Construite en 1899 par la Compagnie française de matériel de chemin de fer, elle fait partie d'une série de quinze unités (n° 1 à 15), de type « Ivry », toutes normalement affectées à la ligne 1.

Le pont du Loiret, sur lequel passe une motrice et deux baladeuses, est vu depuis les jardins du bal-restaurant de l'Eldorado. L'arrivée du tramway a renforcé l'attractivité des guinguettes, très appréciées des Orléanais aux beaux jours.

Dans Olivet, le tramway traversait le centre-ville *via* l'actuelle rue Marcel Belot, alors dénommée rue Nationale, dans laquelle passe la motrice n° 4. A partir des années 1920, le tramway n'atteindra plus Olivet que de façon épisodique, au gré des subventions locales.

Vantant toujours les mérites de la bière orléanaise des frères Gavot, la motrice 14 emprunte la rue Nationale qui semble très animée. Il faut dire que les passants, selon une habitude que l'on remarque sur de nombreuses cartes postales anciennes, n'hésitent pas à s'arrêter et à poser pour le photographe.

La motrice 7 vient d'arriver au terminus d'Olivet, place de la République, où le wattman et le receveur posent pour le photographe. 8 544,30 mètres séparent les deux extrémités de la ligne. Celle-ci possédait 13 évitements pour permettre les croisements, 46 arrêts et était exploitée selon une fréquence variant de sept à quinze minutes au moyen de 72 courses quotidiennes (52 sur les autres lignes), à la vitesse maximale de 20 km/h. La ligne 1, la plus ancienne, était aussi la plus fréquentée.

Nous voici maintenant sur la ligne 2. Jusqu'au 6 septembre 1908, celle-ci avait son terminus au Pont Saint-Vincent. A cette date, elle fut tout d'abord prolongée jusqu'à la Croix-Fleury, puis dès le 20 septembre suivant, au Coin-Rond. C'est à ce nouveau terminus, situé dans la rue de la Barrière Saint-Marc, que stationne la motrice 38. Celle-ci fait partie d'une série de trois unités (n° 36 à 38), livrées neuves en 1908. Toutes trois circulaient habituellement sur la ligne 2, conjointement avec les motrices 16 à 24.

Une motrice, probablement la 18, passe devant la gare d'Orléans et s'apprête à emprunter la rue de la République en direction de la place du Martroi.

Dans la rue de la République, un tramway de la ligne 2 va bientôt arriver à la gare. La motrice 36 fut par la suite prêtée au réseau de Saint-Quentin, où elle fut malheureusement détruite au cours de la première guerre mondiale.

La rue de la République a toujours été très animée, comme en témoigne ce cliché pris au niveau de la Banque de France. La motrice 24 vante les mérites des Galeries Orléanaises et se dirige vers la place du Martroi, d'où elle poursuit son chemin vers le faubourg Madeleine. La ligne A du tramway actuel emprunte également cette rue, désormais réservée aux piétons.

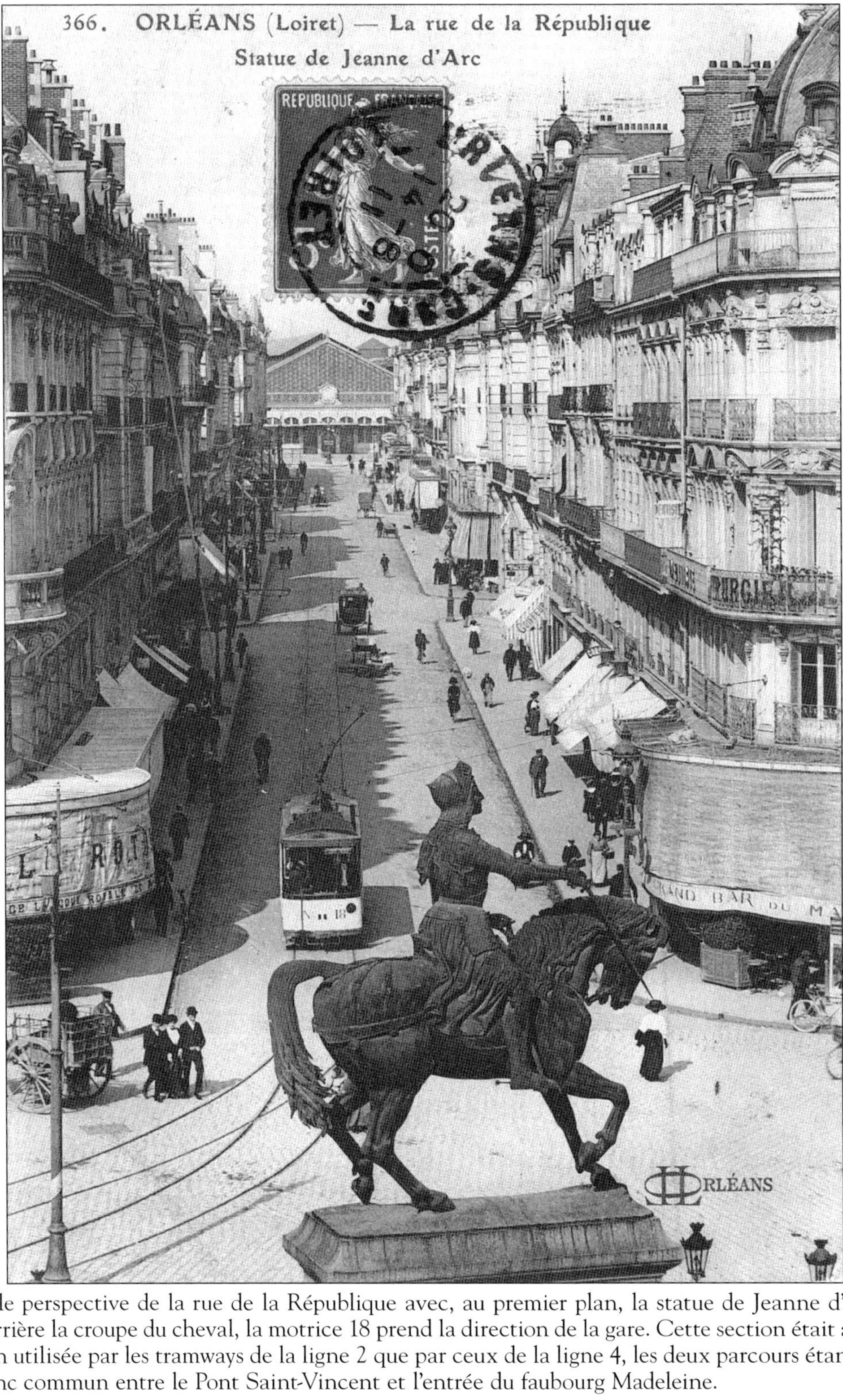

Belle perspective de la rue de la République avec, au premier plan, la statue de Jeanne d'Arc. Derrière la croupe du cheval, la motrice 18 prend la direction de la gare. Cette section était aussi bien utilisée par les tramways de la ligne 2 que par ceux de la ligne 4, les deux parcours étant en tronc commun entre le Pont Saint-Vincent et l'entrée du faubourg Madeleine.

Sur la place du Martroi, les motrices 21 et 22 de la ligne 2, présentes à droite sur le cliché, assurent la correspondance avec celles de la ligne 1, qui s'arrêtent au pied de la statue de Jeanne d'Arc. Comme la ligne A actuelle, la ligne 2 passait du côté ouest de la place et empruntait ensuite la rue de la Hallebarde.

Belle animation sur la place du Martroi où stationne une motrice de la ligne 2. Le bandeau de parcours porte la mention de Madeleine-Pont Saint-Vincent, ce qui indique que le cliché est antérieur à 1908, année de prolongation de la ligne au Coin-Rond.

Croisement place du Martroi des motrices 16 et 20 en livrée jaune-ivoire, tandis que l'on aperçoit sur la droite une motrice de la ligne 1, toujours en livrée d'origine vert foncé.

La motrice 25 est vue dans la rue de la Hallebarde, qu'elle emprunte en direction du Martroi, sur un parcours aujourd'hui également utilisé par la ligne A.

Sortant de la rue des Carmes, la motrice 16 tourne dans la rue de la Hallebarde en passant devant l'imposant hôtel des postes, dont l'emplacement est désormais occupé par l'immeuble de la Sécurité sociale.

Croisement de deux tramways place de la Croix Morin, à l'extrémité de la rue des Carmes. Cette section était commune aux lignes 2 et 4. La ligne 2, dans son extension maximale Coin-Rond - Madeleine-Maison-Rouge, avait une longueur de 6 744,65 mètres, comportait 9 évitements et 44 arrêts. Quant à la ligne 4, elle reliait le Cimetière au Jardin botanique, ce qui représentait un parcours de 4 823,60 mètres, dont 2 807,50 en tronc commun avec la ligne 2. Elle avait deux évitements propres et cinq sur la partie commune et desservait 28 arrêts, dont 18 étaient partagés, toujours avec la ligne 2.

1108. ORLÉANS. - Tramway Martroi-Saint-Loup. - Inauguration du 2 Octobre 1904

Mise en service le 1er octobre 1904, la ligne 3 Martroi - Saint-Loup est inaugurée en grande pompe le lendemain. Les responsables de la CGFT et les notables sont à bord de la motrice pavoisée, tandis que la foule assiste au passage du cortège officiel. Tout au long du parcours, la ville est en fête et le convoi progresse au son de la fanfare.

Photo exceptionnelle prise sur la place du Martroi par un reporter de l'agence de presse France Reportage. Nous sommes en 1917, alors que les combats de la première guerre mondiale font rage. Mais Orléans est assez loin du front. Pendant la guerre, le trafic touristique du dimanche disparaît, mais il est largement remplacé par le trafic ouvrier, notamment sur la ligne 3 en direction de Saint-Jean-de-Braye où l'usine de la rue d'Ambert participe activement à l'effort de guerre. Par ailleurs, de nombreux réfugiés ainsi que des troupes au repos sont présents sur Orléans, ce qui favorise l'intensification du trafic, malgré les problèmes d'approvisionnement en charbon de la centrale électrique et le manque de personnel masculin, appelé sous les drapeaux. La motrice 34 stationne sur la courte voie en impasse située au pied de la statue de Jeanne d'Arc, où une gerbe a été déposée, et va bientôt repartir en direction de Saint-Loup.

Croisement sur la place du Martroi des motrices 25 et 35. La motrice 25 se dirige vers Saint-Loup tandis que la motrice 35 va bientôt repartir vers Saint-Jean *via* la rue d'Illiers. Comme le montre ce cliché, toutes les lignes se donnaient mutuellement correspondance au Martroi.

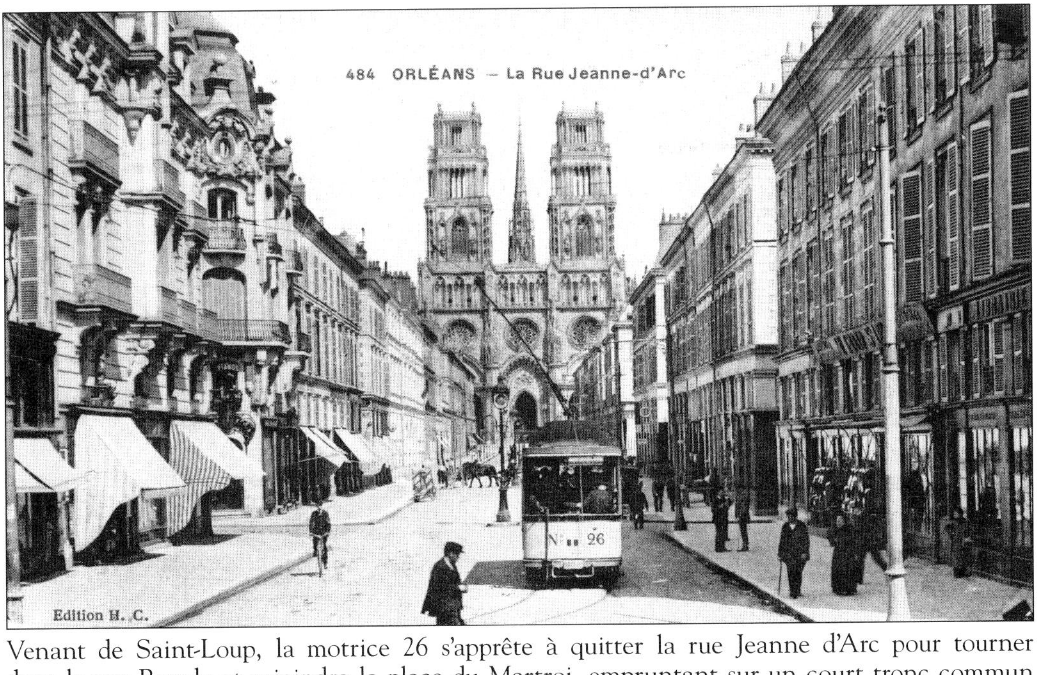

Venant de Saint-Loup, la motrice 26 s'apprête à quitter la rue Jeanne d'Arc pour tourner dans la rue Royale et rejoindre la place du Martroi, empruntant sur un court tronc commun (42,70 mètres) les rails de la ligne 1.

On retrouve la motrice 26, toujours dans la rue Jeanne d'Arc. Mais, cette fois-ci, elle se dirige vers la cathédrale Sainte-Croix avant de la contourner par la droite pour aller emprunter la rue Pothier, la rue de Bourgogne et, enfin, le faubourg du même nom. La nouvelle ligne B du tramway actuel a également les honneurs de la rue Jeanne d'Arc avec cependant une différence par rapport à son ancêtre. Quand on regarde la cathédrale, la plateforme est en effet établie sur le côté gauche de la rue au lieu du côté droit.

Pour passer de la rue Jeanne d'Arc à la rue de Bourgogne, le tramway empruntait la rue Pothier, où circule la motrice 35 à destination de Saint-Loup.

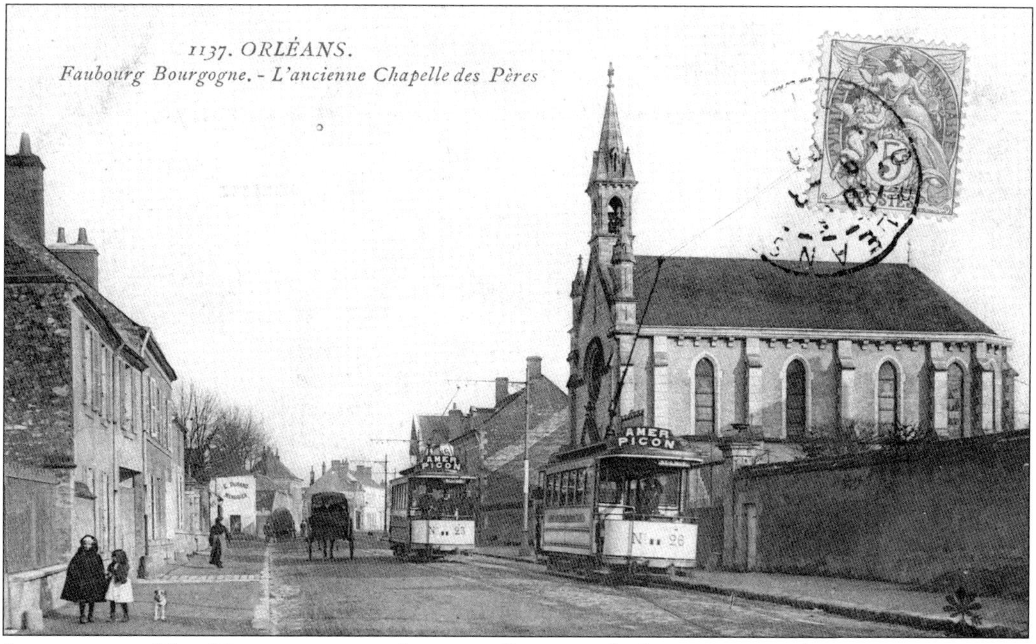

Les motrices 25 à 35 étaient normalement affectées à la ligne 3, mais il pouvait y avoir des exceptions, comme le prouve ce cliché pris au niveau de l'ancienne chapelle des Pères, où la motrice 26 croise la motrice 23.

La motrice 30 vient de quitter le terminus de Saint-Loup et s'engage dans le faubourg Bourgogne pour rejoindre Saint-Jean. Le trajet, long de 5 900,85 mètres, est ponctué de 45 arrêts et de 10 évitements afin de permettre le croisement avec les motrices venant en sens inverse.

Saint-Loup. Terminus ! La motrice 27 effectue une manœuvre tandis qu'un groupe de jeunes filles pose pour le photographe. La route à gauche permet de se rendre à Fontainebleau (ancienne nationale 152) tandis que celle de droite, dans le prolongement de la voie du tramway, est la route de Montargis (nationale 60).

7

Le retour du tramway

Depuis la fin de l'ancien réseau en 1938, l'agglomération d'Orléans a beaucoup changé, avec notamment la création de la Source dans les années 1960.

C'est pour relier ce quartier au reste de la ville que l'idée d'un tramway, cette fois-ci sous une forme moderne, a été lancée en 1990. En 1995, les études ont conduit les élus à adopter le principe de réalisation de deux lignes, priorité étant donnée à l'axe nord-sud. Le nouveau tramway a été déclaré d'utilité publique le 28 juillet 1998 et les travaux entrepris immédiatement.

Pendant deux ans, sur 18 kilomètres, un immense chantier perturba les habitudes des Orléanais, ce qui ne manqua pas de provoquer de gros embouteillages et les récriminations de nombreux riverains. Finalement, tout rentra dans l'ordre et l'inauguration eut lieu le 20 novembre 2000, la mise en service commerciale aux voyageurs ayant lieu le 24 novembre suivant. Le tram relie Fleury-les-Aubrais - Jules Verne au nord, à Hôpital de la Source au sud, en passant par le quartier Lamballe, les gares des Aubrais et Orléans, le centre-ville, le pont George V, le quartier Saint-Marceau, le parc des expositions, Olivet, le campus universitaire et enfin le quartier de la Source.

Contrairement aux autres tramways modernes, les débuts ont été assez difficiles. Cela s'explique par une mise au point délicate du matériel roulant, par une ouverture au public sans doute un peu prématurée, et surtout par la réorganisation calamiteuse du réseau de bus. Les temps de parcours avaient été calculés de façon bien trop optimiste, d'où d'importants retards, et les itinéraires des nouvelles lignes de bus ne correspondaient pas toujours aux flux de déplacements des Orléanais. Enfin, à Olivet, le tram a précédé l'urbanisation et présentait un aspect champêtre en passant au milieu des vergers.

Après ce très mauvais départ, il a fallu redresser la situation. Celle-ci s'est peu à peu améliorée et le tramway est aujourd'hui un succès. Il est utilisé par environ 55 000 voyageurs quotidiens, ce qui est un taux de fréquentation tout à fait normal pour une agglomération de la taille d'Orléans.

Le service est assuré au moyen de 22 rames de type Citadis construites par Alstom. Elles sont remisées au dépôt-atelier de la Source, près du terminus Hôpital de la Source. Elles ont une longueur totale de 30 mètres. Elles développent une puissance maximale de 560 kW et elles peuvent accueillir 176 voyageurs, dont 40 assis. Petite particularité amusante, leur numérotation démarre au n° 39, s'inscrivant ainsi dans la continuité de l'ancien réseau supprimé en 1938, lequel comptait 38 motrices. Il est fortement probable que cette originalité ait été suggérée par le directeur de la Semtao qui a mis en place le tramway actuel, Christian Buisson. Passionné de transports en commun, il est l'un des grands artisans du renouveau du tramway dans les villes françaises, notamment à Nantes, où il a travaillé avant de venir à Orléans.

Le retour du tramway dans la cité johannique s'est traduit par deux années de travaux intenses le long des 18 kilomètres joignant le quartier de la Source à Fleury-les-Aubrais. Cette vue montre les opérations de construction du terminus Hôpital de la Source avec, au premier plan, les aiguillages et le croisement permettant aux rames de passer d'une voie à l'autre. La station et l'entrée du principal établissement de santé de l'agglomération orléanaise sont situées juste derrière le photographe tandis que, à droite sur le cliché, on aperçoit la caserne des pompiers. La ligne part ensuite sur la gauche et longe le dépôt-atelier dont on aperçoit, en arrière-plan, l'aiguillage d'accès.

Le site du dépôt-atelier vu ci-dessus le 12 juin 1999 et ci-dessous le 7 mars 2000. On peut constater l'évolution en seulement neuf mois de temps, période mise à profit pour édifier le bâtiment, totalement inexistant à l'été 1999 et en voie d'achèvement au printemps 2000.

Au printemps 2000, la voie est déjà en place avenue de la Bolière. Cela permet d'utiliser des grues ferroviaires télescopiques pour procéder à la pose et au réglage de la ligne aérienne de contact qui permet aux tramways d'être alimentés en électricité. Tandis que les ouvriers installés dans les nacelles s'affairent, un bus de la ligne S, dont le circuit a été en grande partie remplacé par le tramway, passe sur la droite du chantier. Lors de la mise en service du tram, l'ensemble du réseau des autobus a été réorganisé en conséquence. A cette occasion, les lignes de bus ont été désignées par des chiffres, tandis que les lettres (A et B) font désormais référence au tramway.

Pose de la voie au niveau de la future station Tourelles-Dauphine, située dans le prolongement du pont George V. On peut noter que la ligne 1 de l'ancien réseau empruntait le même itinéraire.

La place du Martroi, telle qu'elle se présentait pendant les travaux avec, sur la droite, la statue de Jeanne d'Arc et, au fond, la rue de la République. Le nouveau tramway suit ici un tracé sensiblement identique à l'ancienne ligne 2.

Vue de l'avenue de Paris, au niveau de la gare, au printemps 2000. La pose de la voie commence et il est difficile d'imaginer que seulement neuf mois plus tard, tout sera prêt pour que les tramways emmènent leurs premiers voyageurs.

Entre les stations Coligny et Libération, il a fallu édifier un nouveau pont pour passer au-dessus des voies SNCF. On voit ici le raccordement permettant aux trains de quitter la gare d'Orléans en direction de Tours et, à droite sur le cliché, près du nouvel ouvrage d'art, on aperçoit un poteau de caténaire de la voie directe venant des Aubrais.

A Fleury-les-Aubrais, l'effervescence règne sur le chantier au niveau de la future station Lamballe. Alors que la première voie est déjà posée, les ouvriers se servent de celle-ci pour employer une grue rail-route, qui peut aussi bien se déplacer sur la chaussée que sur les voies ferrées. Les rails reposent sur une plateforme de béton puis sont recouverts, selon les cas, de dalles, de pavés, de goudron ou encore de gazon. Derrière la grue, la ligne continue ensuite en direction du terminus de Jules Verne, que l'on aperçoit tout au fond du cliché.

Fin mars 2002, seize mois après la mise en service, la rame 44 vient de quitter le terminus de l'Hôpital de la Source et se dirige en direction de Fleury-les-Aubrais. Elle vient de passer sur la droite du dépôt-atelier, désormais totalement terminé (voir page 85) et longe les voies servant au remisage nocturne du matériel. Vingt-deux rames sont utilisées sur la nouvelle ligne.

Le 31 janvier 2003, au lendemain d'abondantes chutes de neige, la rame 39, pionnière du nouveau tramway, mais malheureusement victime d'un grave accident avec un autocar en 2011, emprunte la rue Amboise Paré dans le quartier de la Source.

Les larges avenues du quartier de la Source ont facilité la mise en place de la plateforme du tramway. C'est le cas à la Bolière où la rame 55 approche de la station du même nom, avant de continuer ensuite son trajet en direction de l'hôpital.

La rame 50 vient de traverser le campus universitaire et marque l'arrêt à la station Université l'Indien. Il ne s'agit pas d'un service commercial, mais d'un tram-école destiné à la formation des nouveaux conducteurs. Trois semaines de stage sont nécessaires pour pouvoir être habilité à la conduite du tramway.

Par une belle matinée de printemps, le 29 mars 2002, la rame 52 traverse le campus universitaire et vient de contourner le bâtiment de la faculté des lettres.

Le 30 janvier 2003, la neige est tombée en abondance sur l'agglomération orléanaise. Toute la ville a été paralysée et il s'en est suivi d'inextricables bouchons. Seul le tram a su tirer son épingle du jeu et a fonctionné quasi normalement, rendant ainsi un fier service à la population. Il a seulement fallu procéder à quelques adaptations. Ainsi, les rames ont circulé toute la nuit pour éviter à la neige de s'accumuler sur la voie et, comme on peut le voir sur ce cliché, les carénages d'extrémité ont été démontés afin de ne pas les endommager. Hormis un surcroît exceptionnel de trafic, tout s'est bien passé. Dès le lendemain matin, le soleil est revenu et la neige commençait déjà à fondre. Il fallait donc ne pas manquer l'opportunité de réaliser quelques photos sous la neige. La rame 41 vient de quitter la station Lorette et se dirige vers Jules Verne, dans ce qui est certainement le secteur le plus bucolique du parcours.

Malheureusement, il arrive parfois que le tramway soit victime de l'imprudence des automobilistes. Ainsi, le 10 avril 2002, au carrefour de la rue de la Bergeresse à Olivet, la rame 45 a déraillé après avoir heurté un camion anglais ayant grillé un feu rouge. Le trafic fut interrompu durant de longues heures et il fallut plus d'un an pour que la rame soit réparée.

La rame 46 vient de franchir le pont sur le Loiret et s'apprête à traverser la route nationale 20, puis à desservir la station Zénith-Parc des expositions, située au pied de la salle de spectacle, que l'on aperçoit derrière le tramway.

Tout comme son ancêtre (voir page 61), le tramway emprunte le pont George V pour traverser la Loire. Remontant en direction de Jules Verne, la rame 55 emprunte le site propre qui lui est dédié et se dirige vers la rue Royale que l'on aperçoit en arrière-plan. Les voyageurs peuvent tranquillement profiter du paysage et admirer le fleuve et la cathédrale Sainte-Croix. A noter que, le 5 mai 2000, la résistance de la nouvelle plateforme avait été testée d'une manière pour le moins originale au moyen d'un char Leclerc lancé à pleine vitesse !

La place du Martroi dans sa version actuelle. Si les tramways la traversent, ils ne s'y arrêtent pas. La station la plus proche est située sur la place De Gaulle, où s'effectue désormais la correspondance avec la ligne B. Comme l'ancienne ligne 2, les rames contournent la statue de Jeanne d'Arc par l'ouest. En sortant de la rue de la République, ils passent entre les immeubles de la Grande et de la Petite Rotonde, dont les cafés ont aujourd'hui été remplacés par des magasins de chaussures.

La rame 42 vient de quitter la station Gares d'Orléans. Il n'y a pas de faute car le nom de la station fait à la fois référence à la gare ferroviaire et à la gare routière, et passe au pied du moderne centre commercial de la place d'Arc, dont l'allure des bâtiments est bien différente de la marquise de l'ancienne gare.

Arrivée à la station Libération de la rame 47, en route pour Hôpital de la Source. Cette station est dotée d'un parc-relais, système d'origine allemande qui permet aux automobilistes de disposer d'un parking surveillé et d'emprunter le tramway pour se rendre en ville ; cela évite bouchons et problèmes de stationnement.

Le tramway dessert au plus près la gare des Aubrais, où il est en correspondance directe avec les trains de la SNCF et longe les voies dans la rue Lamartine. Cette rue, désormais bien calme, est réservé au tramway et aux seuls riverains. On y voit la rame 56 qui s'apprête à rejoindre le centre-ville d'Orléans puis le quartier de la Source. Les 22 rames du parc ont été construites par Alstom à La Rochelle. Elles font partie de la gamme Citadis de ce constructeur et ont été livrées en 2000, grande année pour le renouveau du tramway en France avec, outre Orléans, la mise en service du réseau de Montpellier et l'achèvement de la construction de la première phase du réseau de Lyon, ouvert à l'exploitation début 2001.

Le dimanche 26 novembre 2000, lors du week-end inaugural, à la station Lamballe, la rame 52 a été prise d'assaut par les habitants profitant de cette belle journée d'automne pour partir à la découverte de leur nouveau tramway.

La rame 50 approche du terminus Jules Verne et change de voie afin de se mettre en place pour le voyage de retour en direction de la Source.

Les dessous du tramway. Vues en gros plan, aux ateliers de la Source, ci-dessus d'un bogie moteur que l'on trouve aux extrémités de la rame, et ci-dessous d'un bogie porteur, dit « arpège », situé sous la nacelle centrale des rames. Cela donne un bref aperçu de toute la complexité des technologies utilisées sur les tramways modernes.

8

La seconde ligne

Dans la foulée de la première ligne, une seconde ligne, suivant un axe est-ouest, devait être réalisée. Il était même envisagé une inauguration de la première section dès 2004, soit tout juste cent ans après l'ouverture de l'ancienne ligne Martroi - Saint-Loup. Les élections de 2002 en ont décidé autrement, avec une nouvelle municipalité initialement opposée au tramway. De tergiversations en études sur d'autres modes de transport, bus guidés notamment, dont les bénéfices n'ont jamais pu être démontrés, beaucoup de temps et d'argent ont été perdus.

Finalement, en 2007, le projet dénommé CLEO (Concevoir la Liaison Est-Ouest), a bel et bien pris la forme d'un tramway classique. La déclaration d'utilité publique a été signée le 10 janvier 2008, suivie d'une autre déclaration partielle le 27 novembre 2009, afin d'entériner un ultime changement de tracé à Saint-Jean-de-Braye. Les premiers gros travaux ont officiellement été lancés le 15 janvier 2009 et ont duré presque trois ans.

D'une longueur de 11,2 kilomètres et desservant 25 stations, la ligne B relie Saint-Jean-de-Braye - Clos-du-Hameau à l'est à la Chapelle Saint-Mesmin - Georges Pompidou à l'ouest. Elle passe par le pont Bordeau, l'Argonne *via* le boulevard Marie Stuart, le palais des sports, le centre-ville *via* la cathédrale, la rue Jeanne d'Arc, la place De Gaulle et la rue des Carmes, le faubourg Madeleine, le quartier des Salmoneries à Saint-Jean-de-la-Ruelle et enfin le centre commercial des Trois Fontaines. Cinquante-neuf mille habitants et 41 500 emplois sont ainsi directement concernés par ce nouveau tramway, dont le trafic journalier prévisionnel est d'environ 22 000 voyageurs.

Le coût global est de 330 millions d'euros, chiffre largement supérieur aux estimations initiales, dont 50,2 millions concernent le matériel roulant. Ce montant s'explique par le recours à un système d'alimentation électrique par le sol (APS) sur une distance de 2 300 mètres entre les stations Eugène Vignat et Madeleine, par des expropriations et par la construction d'ouvrages d'art.

Comme pour la première ligne, les rames sont construites par Alstom. De type Citadis 302, elles se distinguent de leurs aînées par un accès à plancher bas intégral, une plus grande largeur (2,40 mètres au lieu de 2,32 mètres), une longueur portée de 30 à 32 mètres et la présence de cinq caisses au lieu de trois. Elles peuvent accueillir 203 voyageurs dont 56 assis.

Le remisage s'effectue au nouveau centre de maintenance de Saint-Jean-de-Braye. D'une superficie de 3,6 hectares, celui-ci est situé entre les stations Ambert et Gaudier-Brzeska et est en charge de la maintenance légère, les opérations lourdes étant réalisées à l'atelier principal de la Source. Il a été officiellement inauguré le 25 janvier 2012.

La fin de l'année 2011 a été marquée par l'achèvement des principaux travaux. Cela a permis de commencer les tout premiers essais en ligne en janvier 2012, lesquels sont montés en puissance au mois de mars pour les marches à blanc et la formation des conducteurs, afin que tout soit prêt pour la mise en service commerciale programmée le samedi 30 juin 2012.

Les travaux de construction de la seconde ligne ont été supervisés par Alstom, qui s'est occupé de la pose de la voie. Pour cela, il a été fait appel au système Appitrack. Deux machines fonctionnent ensemble : la première, que l'on voit ci-dessus, coule une dalle de béton (livrée par camion) sur la sous-couche de la plateforme. Suivant à quelques mètres, la seconde machine insère les semelles de fixation des rails dans le béton encore frais. Enfin, après séchage, les rails sont posés et réglés au millimètre. Le système, qui a préalablement servi à Jérusalem, Alger et Reims, a été utilisé sur environ 9 kilomètres, la section centrale étant réalisée de façon traditionnelle car le système d'alimentation par le sol ne permet pas de se servir de cette nouvelle méthode.

La seconde machine de l'Appitrack sert à insérer les semelles de fixation dans le béton.

La plateforme en cours de séchage, avant la pose de la voie.

A Saint-Jean-de-la-Ruelle, chemin de Chaingy, une grue Alstom assure la mise en place des rails sur la plateforme de béton enfin sèche. Lors de la réalisation de ce cliché, en janvier 2011, les travaux de voie battent leur plein et on s'active sur l'ensemble de la ligne.

Dans le faubourg Madeleine, des ouvriers soudent les rails. Noter les gabarits, qui permettent le réglage précis de l'écartement des rails à la valeur standard de 1,435 mètre.

Non loin du centre commercial des Trois Fontaines, la voie est enfin posée.

En janvier 2011, la voie est déjà posée au nouveau terminus Georges Pompidou, situé à proximité immédiate de l'échangeur autoroutier de l'A71.

Vaste chantier sur la place De Gaulle et la rue des Carmes, lors de la phase de construction de la plateforme.

Fin février 2012, les travaux sont en voie d'achèvement rue Jeanne d'Arc et les essais viennent de débuter. Entre les rails, on aperçoit le système d'alimentation électrique par le sol (APS). Sur 2 300 mètres, entre les stations Eugène Vignat et Madeleine, l'APS remplace la ligne aérienne de contact. Il se présente sous la forme d'un rail central, découpé en tronçons d'une dizaine de mètres, alimentés uniquement lors du passage d'une rame afin de limiter les risques d'électrocution. Des boîtiers de détection déclenchent la mise sous tension des tronçons situés sous la rame, puis coupent la distribution de courant dès que le tramway est passé. Séduisant sur le papier, l'APS est cependant sensible à l'humidité et ne supporte pas la neige (plus de détection des rames si celle-ci est abondante). Ce système est surtout très onéreux, ce qui explique qu'il n'équipe pas l'ensemble de la ligne.

La nouvelle station du Pont Bordeau, à Saint-Jean-de-Braye, comporte un unique quai central, disposition typique de la ligne B. Cette section a été construite le long de la voie SNCF de Gien.

Le terminus Saint-Jean-de-Braye - Clos du Hameau sous la neige, en février 2012.

Le 31 août 2011, chargées sur des camions spéciaux, les rames 71 et 72 sont vues à Chaingy. Elles attendent l'autorisation officielle leur permettant de traverser l'agglomération d'Orléans.

Ces deux mêmes rames le lendemain, en cours de déchargement à Saint-Jean-de-Braye.

En février 2012, le nouveau centre de maintenance de Saint-Jean-de-Braye commence à être bien rempli. Situé entre les stations Ambert et Gaudier-Brzeska, il occupe une superficie de 3,6 hectares. Il est composé d'un bâtiment de 4 200 m^2 comprenant trois voies d'atelier, une voie de grand nettoyage, la station-service et divers locaux. A l'extérieur, le remisage peut contenir 25 rames.

Le 4 novembre 2011, la rame 70 est vue au centre de maintenance. Elle s'apprête à effectuer quelques essais en ligne.

Le 23 février 2012, la rame 69 emprunte la rue Eugène Vignat et longe le parc Pasteur, au cours d'essais effectués sur une section équipée de l'APS.

Une des toutes premières circulations d'un tramway dans la rue Jeanne d'Arc. Le 24 février 2012, la rame 69 se dirige vers la place De Gaulle sous une pluie battante. En arrière-plan, la mauvaise météo rend à peine visible les deux tours de la cathédrale.

9

Les trains et tramways du XXIe siècle

Actuellement, l'agglomération d'Orléans conserve globalement sa configuration ferroviaire initiale avec deux gares : l'une en cul-de-sac en centre-ville et l'autre de passage, aux Aubrais.

La ligne de Paris est très utilisée par de nombreux Orléanais qui vont, chaque jour, travailler dans la capitale. Avec 8000 navetteurs quotidiens, il s'agit même de la relation « grandes lignes » de la SNCF qui comporte le plus d'abonnés. Les voyageurs sont également nombreux sur la ligne de Tours et ils peuvent aussi traverser la Sologne en direction de Vierzon. Ces trois axes, globalement rectilignes, sont parcourables à la vitesse maximale de 200 km/h. Cependant, même s'il existe un projet à long terme en vue de réaliser une ligne à grande vitesse permettant de relier Paris à Orléans, Clermont-Ferrand et Lyon, la cité johannique n'est actuellement pas concernée par le TGV, à l'exception d'une liaison Brive-Lille qui s'arrête aux Aubrais quatre fois par semaine. Quant aux autres lignes de la région, il y a bien longtemps qu'elles ne voient plus circuler de trains de voyageurs, même s'il existe des projets de réouverture en direction de Chartres et de Châteauneuf-sur-Loire.

Un gros changement dans les dessertes est intervenu le 11 décembre 2011 avec la mise en place d'un système d'horaires partiellement cadencés, où les trains circulent à intervalles réguliers. Cela s'est traduit par la fin des liaisons directes entre les villes moyennes du Val de Loire, telles que Meung-sur-Loire et Beaugency, et surtout par la suppression définitive des célèbres navettes entre les gares d'Orléans et des Aubrais, marquant ainsi la fin d'une tradition locale vieille de plus de 150 ans. Certes, il y a le tramway, mais les correspondances ne sont pas toujours optimales, surtout le soir et le dimanche. Par ailleurs, l'entretien des infrastructures et du matériel est de plus en plus déficient : on constate de nombreux retards particulièrement pénalisants pour les voyageurs.

Au sein même de l'agglomération, la mise en service de la première ligne de tramway en 2000 a entraîné une augmentation de plus de 30 % de la fréquentation des transports urbains. Il est donc probable que la seconde ligne, tant attendue depuis de nombreuses années, connaisse le même succès. Le projet initial prévoyait un trajet d'une envergure bien plus importante, s'étendant d'un côté jusqu'à l'extrémité ouest de la commune de La Chapelle-Saint-Mesmin, et de l'autre côté jusqu'à Chécy et même Mardié, en réutilisant la plateforme de la voie ferrée de Châteauneuf-sur-Loire. Il y a donc de fortes chances pour que la ligne B soit, à plus ou moins long terme, une fois que les finances le permettront, prolongée de part et d'autre de ses terminus actuels. Il n'est pas non plus exclu, comme cela était envisagé sur certains documents au cours des années 1990, qu'une troisième ligne finisse par voir le jour, sans doute entre Olivet et Saran, ce qui impliquerait un tronc commun avec la ligne A en centre-ville. Mais, pour cela, il va falloir être très patient.

Dans le paysage ferroviaire actuel, il est désormais courant de voir circuler des trains de marchandises non SNCF. C'est notamment le cas de ce train de conteneurs de la société Euro Cargo Rail, en fait une filiale de la Deutsche Bahn, les chemins de fer allemands, vu sur fond d'éoliennes à Artenay. Il s'agit d'un service international reliant Saarbrücken à Irún, à la frontière espagnole.

Le train 50037 est l'un des rares trains de fret à rouler à 140 km/h, la norme étant plutôt 100 km/h. Reliant Brétigny à Montauban (et vice versa), il a deux missions. La première consiste à emmener de façon rapide des produits frais vers le marché international de Rungis dans des wagons réfrigérés. La seconde mission a pour but d'acheminer la presse parisienne en province. Le train a été photographié au lieu-dit de la Croix Briquet, entre Artenay et Chevilly.

Après le fret, place aux voyageurs ! Au même endroit que le train de fret en page précédente, près d'Artenay, cette locomotive de type BB 7200, grande habituée de la ligne Paris-Orléans, longe le viaduc de l'Aérotrain avec un train Aqualys assurant la liaison Paris-Tours.

La gare des Aubrais-Orléans est directement reliée à Barcelone et à Madrid au moyen de trains de nuit Talgo. Le 31 juillet 2011, le train en provenance de la capitale espagnole passe près de l'église de Cercottes.

Entre Cercottes et les Aubrais, les voies sont étagées sur plusieurs niveaux afin de permettre un accès direct au triage pour les trains de marchandises venant de la capitale. Habituellement, ceux-ci empruntent la voie située au premier plan, alors que les trains rapides comme le Paris-Limoges-Toulouse-Cerbère utilisent la voie surélevée.

En 2004, un train Aqualys Paris-Orléans-Tours marque l'arrêt en gare de Meung-sur-Loire. Depuis décembre 2011, il est désormais obligatoire de changer de train à Orléans pour aller de la capitale à la cité du Val de Loire.

Un train Interloire, qui assure la liaison Orléans-Nantes, traverse en trombe, à 200 km/h, la gare de Beaugency.

Lors des Journées du patrimoine, il est possible de monter en haut du clocher Saint-Firmin et d'avoir ainsi une vue imprenable sur le magnifique viaduc de Beaugency. Le 21 septembre 2008, la météo était au beau fixe, ce qui a permis d'immortaliser un train Aqualys Tours-Paris alors qu'il traversait l'imposant ouvrage d'art.

Il est très rare de voir la Loire partiellement gelée et charriant de mini-icebergs ! Le 10 février 2012, les voyageurs de ce train Paris-Brive étaient aux premières loges et pouvaient profiter sereinement de ce spectacle exceptionnel. Pendant ce temps, sur les berges, le photographe était littéralement transi de froid, car il a attendu un bon moment le train qui accusait un important retard. Cependant, il a largement été récompensé par la belle lumière matinale inondant le pont de Vierzon et la cathédrale.

Nouvelle vue du pont de Vierzon, prise cette fois-ci l'après-midi depuis le pont Thinat au passage d'un express Paris-Toulouse.

Sur fond de cathédrale Sainte-Croix, cette automotrice passe à Saint-Jean-le-Blanc et approche de son terminus orléanais avec un train express régional en provenance de Châteauroux.

En novembre 2005, sous de belles couleurs automnales, ce train de marchandises traverse le pont aux Moines, à Mardié. Les deux locomotives se dirigent vers les Aubrais, après avoir pris en charge des wagons fraîchement réparés à l'usine SDH-Ferroviaire de Saint-Denis-de-l'Hôtel. D'ici à quelques années, si le projet de réouverture jusqu'à Châteauneuf-sur-Loire se concrétise, des trains de voyageurs emprunteront peut-être à nouveau cet ouvrage d'art.

Un cliché désormais historique. Le 9 mars 2011, quelques semaines avant sa suppression définitive, le train de gaz Aubigny-sur-Nère - Les Aubrais traverse le viaduc de Saint-Aignan-des-Gués.

Le 31 mars 2011, les locomotives BB 60007 et 60001, couvertes d'affiches syndicales, traversent l'ancienne gare de Saint-Jean-de-Braye avec le tout dernier train de gaz en provenance d'Aubigny-sur-Nère, entraînant ainsi la fermeture définitive de la ligne au-delà de Châteauneuf-sur-Loire.

En attendant l'ouverture de la ligne B, les rames Citadis 302 ont effectué leurs premiers tours de roues sur la ligne A afin de renforcer les fréquences. C'est le cas de la rame 61, qui quitte la station Gares d'Orléans en direction de Fleury-les-Aubrais.

En février 2012, la neige et le froid ont à nouveau frappé l'agglomération orléanaise. Sur ce cliché pris près de la station Lorette, il y a moins de neige qu'en 2003 (voir page 93), mais le site est toujours sympathique.

Aux alentours de la station Lorette, on se croirait à la campagne, comme en témoigne cette photo de la rame 52, prise dans une ambiance pour le moins bucolique. Ce tramway se dirige vers l'hôpital de la Source et va bientôt traverser tout le campus universitaire, desservi par trois stations.

Terminons notre voyage sur les rails orléanais d'une manière un peu particulière. La ligne B a en effet inspiré la pâtisserie-salon de thé de la rue de la République, Les Musardises. En ce début d'année 2012, à l'occasion de la galette des Rois, les fèves ont pour thème le tramway et permettent de partir d'une façon pour le moins originale à la découverte de celui-ci. De plus, les galettes sont délicieuses et, il faut bien l'avouer, l'auteur de cet ouvrage ne s'est pas privé pour se livrer à quelques dégustations…

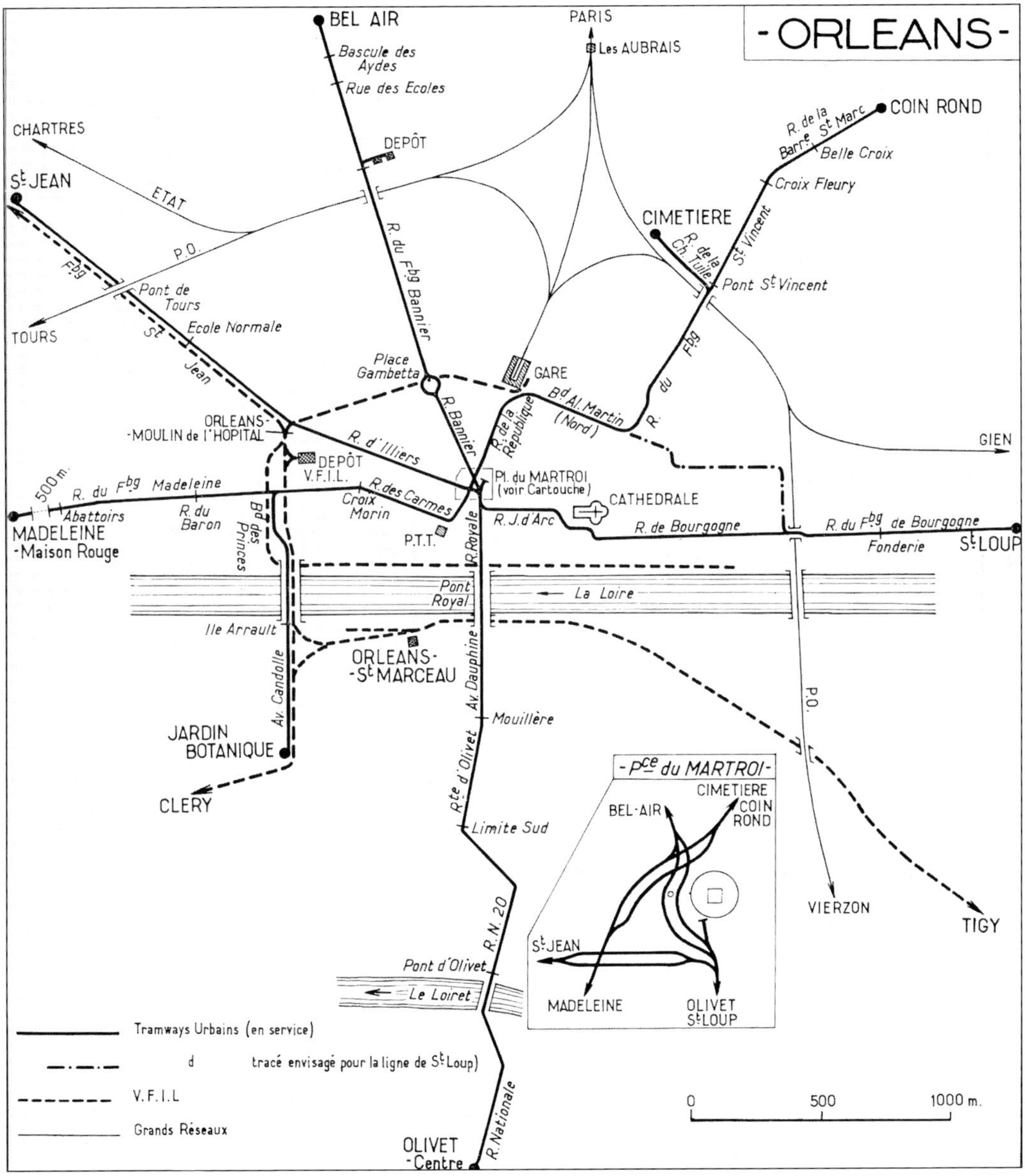
-ORLEANS-
BEL AIR
Bascule des Aydes
Rue des Ecoles
DEPÔT
R. du Fbg Bannier
PARIS
Les AUBRAIS
COIN ROND
R. de la Barre St Marc
Belle Croix
Croix Fleury
CHARTRES
ETAT
St JEAN
P.O.
Fbg St Jean
Pont de Tours
Ecole Normale
TOURS
CIMETIERE
R. de la Ch. Tuile
St Vincent
Pont St Vincent
R. du Fbg
Place Gambetta
GARE
Bd Al. Martin (Nord)
R. Bannier
R. de la République
ORLEANS-MOULIN de l'HOPITAL
R. d'Illiers
DEPÔT V.F.I.L.
GIEN
Pl. du MARTROI (voir Cartouche)
CATHEDRALE
500 m.
R. du Fbg Madeleine
Abattoirs
MADELEINE -Maison Rouge
R. du Baron
Bd des Princes
R. des Carmes
Croix Morin
P.T.T.
R. Royale
R. J. d'Arc
R. de Bourgogne
R. du Fbg de Bourgogne
Fonderie
St LOUP
Pont Royal
La Loire
Ile Arrault
ORLEANS-St MARCEAU
Av. Candolle
Av. Dauphine
P.O.
Mouillère
JARDIN BOTANIQUE
CLERY
Rte d'Olivet
Limite Sud
-Pce du MARTROI-
BEL-AIR
CIMETIERE
COIN ROND
St JEAN
MADELEINE
OLIVET St LOUP
VIERZON
TIGY
R. N. 20
Pont d'Olivet
Le Loiret
Tramways Urbains (en service)
d tracé envisagé pour la ligne de St Loup)
V.F.I.L
Grands Réseaux
0
500
1000 m.
OLIVET -Centre
R. Nationale

Remerciements

Je tiens bien évidemment à remercier tous ceux qui m'ont aidé à la rédaction de ce livre, notamment ma famille, mes amis et les Editions Alan Sutton.

Une pensée toute particulière va à mon père, Jacques Bazin, décédé en mai 2011, à qui je dédie cet ouvrage. Grand amateur de trains et de tramways, photographe, collectionneur de cartes postales anciennes, bénévole actif de plusieurs associations de ferrovipathes, il m'a transmis sa passion et c'est grâce à lui et à ses clichés que ce livre a pu passer du stade de projet à la réalité.

Crédits photographiques

La quasi-totalité des photos et cartes postales anciennes publiées proviennent de la collection personnelle de l'auteur, qui lui a été léguée par son père, Jacques Bazin.

Les photos actuelles ont généralement été prises par l'auteur lui-même, à l'exception de celles publiées pages 98, 109, 111 et 112, dont la paternité revient à Baptiste Biard que l'auteur remercie vivement pour sa collaboration.

Bibliographie

Cercle des cartophiles du Loiret, *Les Transports urbains de l'agglomération orléanaise d'hier à aujourd'hui*, décembre 2000.

Jacquot André, documentation personnelle.

Chemins de fer régionaux et urbains, numéro 138.

Connaissance du rail, numéros 178, 287, 301, 359, 365, 369.

Encyclopédie des chemins de fer, Editions de l'Ormet.

Revue générale des chemins de fer, septembre 1966.

Le Train, numéro spécial 27, « La ligne Paris-Bordeaux-Irún ».

Le Train, numéro spécial 45, « La ligne Paris-Toulouse ».